Online Store Design
Reading this is enough

陈根 编著

网店设计
看这本就够了 全彩升级版

化学工业出版社
·北京·

本书紧扣当今网店设计的热点、难点与重点，主要涵盖了广义网店设计所包括的网店设计的背景、网店视觉营销的黄金定律、网店视觉设计中的色彩要素、网店视觉设计中的文字要素、网店视觉设计中的图片要素、网店视觉设计中的版式要素、网店核心功能区块的设计、网店页面创意设计、网店商品陈列设计、移动购物APP设计、新零售时代的网店设计共11个方面的内容，全面介绍了网店设计及相关学科所需掌握的专业技能，知识体系相辅相成，非常完整。同时在本书的各个章节中精选了很多与理论紧密相关的图片和案例，增加了内容的生动性、可读性和趣味性，令人轻松自然、易于理解和接受。

本书可作为从事网店设计相关专业人员的学习参考书，也可作为高校学习网店设计、网络商业管理、网络营销与策划等方面的教材和参考书。

图书在版编目（CIP）数据

网店设计看这本就够了：全彩升级版/陈根编著. —— 北京：化学工业出版社，2019.9
ISBN 978-7-122-34838-8

Ⅰ. ①网⋯ Ⅱ. ①陈⋯ Ⅲ. ①电子商务－网站－设计 Ⅳ. ①F713.361.2

中国版本图书馆CIP数据核字（2019）第140896号

责任编辑：王 烨 项 潋　　美术编辑：王晓宇
责任校对：张雨彤　　　　　装帧设计：水长流文化

出版发行：化学工业出版社（北京市东城区青年湖南街13号　邮政编码100011）
印　　装：北京东方宝隆印刷有限公司
710mm×1000mm　1/16　印张16¼　字数327千字　2019年10月北京第1版第1次印刷

购书咨询：010-64518888　　　售后服务：010-64518899
网　　址：http://www.cip.com.cn
凡购买本书，如有缺损质量问题，本社销售中心负责调换。

定　价：89.00元　　　　　　　　　　　　　　　　　版权所有　违者必究

前言

消费是经济增长的重要"引擎",是中国发展巨大潜力所在。在稳增长的动力中,消费需求规模最大、和民生关系最直接。

供给侧改革和消费转型呼唤工匠精神,工匠精神催生消费动力,消费动力助力企业成长。中国经济正处于转型升级的关键阶段,涵养中国的现代制造文明,提炼中国制造的文化精髓,将促进我国制造业由大国迈向强国。

而设计是什么呢?我们常常把"设计"两个字挂在嘴边,比方说那套房子设计得不错、这个网站的设计很有趣、那张椅子的设计真好、那栋建筑设计好另类……设计俨然已成日常生活中常见的名词了。2015年10月,国际工业设计协会(ICSID)在韩国召开第29届年度代表大会,沿用近60年的"国际工业设计协会(ICSID)"正式改名为"世界设计组织"(WDO, World Design Organization),会上还发布了设计的最新定义。新的定义如下:设计旨在引导创新、促发商业成功及提供更好质量的生活,是一种将策略性解决问题的过程应用于产品、系统、服务及体验的设计活动。它是一种跨学科的专业,将创新、技术、商业、研究及消费者紧密联系在一起,共同进行创造性活动,并将需解决的问题、提出的解决方案进行可视化,重新解构问题,并将其作为建立更好的产品、系统、服务、体验或商业网络的机会,提供新的价值以及竞争优势。设计是通过其输出物对社会、经济、环境及伦理方面问题的回应,旨在创造一个更好的世界。

由此我们可以理解,设计体现了人与物的关系。设计是人类本能的体现,是人类审美意识的驱动,是人类进步与科技发展的产物,是人类生活质量的保证,是人类文明进步的标志。

设计的本质在于创新,创新则不可缺少工匠精神。本系列图书基于"供给侧改革"与"工匠精神"这一对时代"热搜词",洞悉该背景下的诸多设计领域新的价值主张,立足创新思维而出版,包括了《工业设计看这本就够了》《平面设计看这本就够了》《家具设计看这本就够了》《商业空间设计看这本就够了》《网店设计看这本就够了》《环境艺术设计看这本就够了》《建筑设计看这本就够了》《室内设计看这本就够了》共8个分册。本系列图书紧扣当今各设计学科的热点、难点和重点，构思缜密，精选了很多与理论部分紧密相关的案例，可读性高，具有较强的指导作用和参考价值。

本系列图书第一版出版已有两三年的时间，近几年随着供给侧改革的不断深入，商业环境和模式、设计认知和技术也以前所未有的速度不断演化和更新，尤其是一些新的中小企业凭借设计创新而异军突起，为设计知识学习带来了更新鲜、更丰富的实践案例。

本次修订升级，一是对内容体系进一步梳理，全面精简、重点突出；二是在知识点和案例的结合上，更加优化案例的选取，增强两者的贴合性，让案例真正起到辅助学习知识点的作用；三是增加了近几年有代表性的商业案例，突出新商业、新零售、新技术，删除年代久远、陈旧落后的技术和案例。

随着我国网络技术普及率的日益提高，通过网络进行购物、交易、支付等的电子商务新模式发展迅速。电子商务凭借其低成本、高效率的优势，不但受到普通消费者的青睐，还有效促进中小企业寻找商机、赢得市场，已成为我国转变发展方式、优化产业结构的重要动力。

本书内容涵盖了网店设计的多个重要流程，在许多方面提出了创新性的观点，可以帮助从业人员更深刻地了解网店设计这门专业；帮助网店店主确定网店的整体风格和个性方向，系统地提升网店视觉设计方面的创新能力和竞争力；指导和帮助欲进入网店设计行业者深入认识产业和提升专业知识技能。另外，本书从实际出发，列举众多案例对理论进行通俗形象的解析，因此，还可作为高校学习网店设计、网络商业管理、网络营销与策划等方面的教材和参考书。

本书由陈根编著。陈道利、朱芋锭、陈道双、李子慧、陈小琴、高阿琴、陈银开、周美丽、向玉花、李文华、龚佳器、陈逸颖、卢德建、林贻慧、黄连环、石学岗、杨艳为本书的编写提供了帮助，在此一并表示感谢。

由于水平及时间所限，书中不妥之处，敬请广大读者及专家批评指正。

编著者

目录

01 网店设计的背景

1.1 互联网技术的发展 002
  1.1.1 移动支付的迅猛发展 002
  1.1.2 电子商务的乘胜追击 003
1.2 新零售——线上线下的无界零售 004
1.3 新零售时代的电商运作新思维 007
  1.3.1 体验消费：与用户建立场景连接 007
  1.3.2 社交互动：与用户建立情感连接 008

02 网店视觉营销的黄金定律

2.1 聚集定律 010
2.2 信任定律 012
2.3 专属定律 014
2.4 细分定律 018
2.5 融合定律 022
2.6 情感定律 024
2.7 牺牲定律 027
2.8 坦诚定律 030
2.9 痛点定律 031
2.10 移动定律 032
2.11 社群定律 034

03 网店视觉设计中的色彩要素

- 3.1 色彩原理 037
- 3.2 色彩三要素 038
  - 3.2.1 明度 038
  - 3.2.2 色相 040
  - 3.2.3 纯度 043
- 3.3 常见的色系配色 045
  - 3.3.1 红色系配色 045
  - 3.3.2 橙色系配色 053
  - 3.3.3 黄色系配色 061
  - 3.3.4 绿色系配色 069
  - 3.3.5 蓝色系配色 077
  - 3.3.6 紫色系配色 087
  - 3.3.7 无色系配色 093

04 网店视觉设计中的文字要素

- 4.1 文字的编排准则 101
  - 4.1.1 准确性 101
  - 4.1.2 易读性 102
  - 4.1.3 审美性 102
- 4.2 常见的字体风格 103
  - 4.2.1 线形 104
  - 4.2.2 书法 104
  - 4.2.3 手写体 105
  - 4.2.4 规整 106
  - 4.2.5 艺术 107

4.3 运用合理的分割来进行文字布局 108
  4.3.1 垂直分割 108
  4.3.2 水平分割 109

05 网店视觉设计中的图像要素

5.1 图像展示商品的方法 111
  5.1.1 常规展示商品法 111
  5.1.2 细节展示商品法 112
5.2 图像的分类 112
  5.2.1 广告图 112
  5.2.2 产品主图 113
  5.2.3 实拍图 114

06 网店视觉设计中的版式要素

6.1 版式视觉流程 116
  6.1.1 单向型的版面指向 116
  6.1.2 曲线型的版面指向 116
6.2 版式设计的形式美法则 118
  6.2.1 对称与均衡 118
  6.2.2 节奏与韵律 118
  6.2.3 对比与调和 119
  6.2.4 虚实与留白 120
6.3 对齐方式 121
  6.3.1 左对齐 121
  6.3.2 右对齐 121
  6.3.3 居中对齐 122
  6.3.4 组合对齐 123

6.4 常用的布局形式 123
    6.4.1 展示形象 125
    6.4.2 分组清晰 125
    6.4.3 集中视觉 126
    6.4.4 引导视线 126
    6.4.5 注重搭配 127
    6.4.6 信息丰富 127
    6.4.7 对称页面 128
    6.4.8 金字塔型 129

07 网店核心功能区块的设计

7.1 导航设计 131
    7.1.1 首页导航 131
    7.1.2 面包屑导航 140
7.2 首屏设计 145
7.3 登录注册页设计 155
7.4 商品列表页设计 163
7.5 商品详情页设计 175
7.6 网站页脚设计 186

08 网店页面创意设计

8.1 创意及创意思维 190
    8.1.1 什么是创意 190
    8.1.2 创意思维原则 190
8.2 常见的创意手法 193
    8.2.1 巧用对比 193
    8.2.2 大胆夸张 194
    8.2.3 富于联想 194

8.2.4	善用比喻	195
8.2.5	趣味幽默	195
8.2.6	以小见大	196
8.2.7	古典传统	197
8.2.8	流行时尚	197
8.2.9	偶像崇拜	198

09 网店商品陈列设计

9.1	商品陈列的意义	200
9.2	商品陈列细节设计	200
	9.2.1 让新顾客轻松找到产品，快速熟悉产品目录	200
	9.2.2 让老顾客第一时间看到上架的新品	203
	9.2.3 陈列的目的是让顾客做出决策	206
	9.2.4 在合适的位置推出主打产品	207
	9.2.5 不要轻易更换动线和布局	208
	9.2.6 每个功能模块所展示的产品数量要合理	208
	9.2.7 陈列的图片规格既要节省空间又要清晰表达产品特征	208
	9.2.8 陈列中巧用文字和数字的影响	209
	9.2.9 每个陈列模块之间要有清晰的界限	209
	9.2.10 不要滥用广告图	209
	9.2.11 把握陈列中引起购物欲望的元素	209
	9.2.12 陈列中不可忽视的即兴消费	209

10 移动购物 APP 设计

10.1	移动购物的特点	211
10.2	桌面端与手机端的设计要素对比	212
	10.2.1 设备特征的对比	212
	10.2.2 交互特征的对比	213

  10.2.3 购物情景的对比 ... 216
  10.2.4 购物流程的对比 ... 218
  10.2.5 购物任务的对比 ... 220
  10.2.6 购物服务的对比 ... 221
  10.2.7 用户习惯的对比 ... 222
 10.3 移动购物 APP 界面设计的基本原则 ... 225
  10.3.1 物品信息多通道应用原则 ... 225
  10.3.2 物品展示趣味化原则 ... 226
  10.3.3 图片流加载预体现原则 ... 227
  10.3.4 界面重构中信息自然关联性原则 ... 228
  10.3.5 元素展现中缩短用户信息思考流原则 ... 229
  10.3.6 浏览页预测用户潜在意图原则 ... 230
 10.4 差异化定位 ... 231
  10.4.1 原料差异化 ... 232
  10.4.2 设计差异化 ... 232
  10.4.3 工艺差异化 ... 234
  10.4.4 渠道差异化 ... 234
  10.4.5 功能差异化 ... 236
  10.4.6 服务差异化 ... 237
  10.4.7 形象差异化 ... 238

11 新零售时代网店设计的新兴形态

 11.1 短视频 + 电商——内容即广告，所见即所得 ... 241
  11.1.1 短视频与电商融合的过程 ... 241
  11.1.2 电商平台短视频的布局 ... 243
 11.2 从直播到 MR——以更生动逼真的方式提升消费体验 ... 245

参考文献 ... 254

01 网店设计的背景

1.1 互联网技术的发展

1.1.1 移动支付的迅猛发展

移动支付也称为手机支付,就是允许用户使用其移动终端(通常是手机)对所消费的商品或服务进行账务支付的一种服务方式(图1-1)。单位或个人通过移动设备、互联网或者近距离传感直接或间接向银行金融机构发送支付指令产生货币支付与资金转移行为,从而实现移动支付功能。移动支付将终端设备、互联网、应用提供商以及金融机构相融合,为用户提供货币支付、缴费等金融业务。

近几年,移动支付在中国飞速发展,人们出门不带现金已经成为一种新习惯。中国确实像很多媒体描述的那样,逐渐变成了一个"移动支付社会"。

根据第42次《中国互联网络发展状况统计报告》显示:截至2018年6月,即时通信用户规模达到7.56亿,较2017年年末增长3561万,占网民总量的94.3%。手机即时通信用户7.50亿,较2017年年末增长5641万,占手机网民的95.2%。

其中截至2018年6月,我国网络支付用户规模达到5.69亿,手机支付用户规模为5.66亿。

● 图1-1　2017.12—2018.6网络支付/手机支付用户规模及使用率

如今,无论我们走到哪里,只要有消费,几乎都可以使用扫码支付,出门不带现金,只带手机,基本不会遇到太多的支付困难,这也已经逐渐成为现代人的习惯。随着我国移动支付用户规模的持续扩大，用户使用习惯正进一步巩固，网民在线下消费使用手机网上支付比例显著提升，移动支付正在绑定我们生活的方方面面，改变着全球人民的消费习惯和生活方式，给人们带来了方便又快捷的体验。

1.1.2 电子商务的乘胜追击

在此，从极具代表性的亚太地区电子商务来分析。亚太地区消费者的生活方方面面几乎都与数字化相关，例如购物和支付，还有教育、交通、娱乐等方面，都正在用数字化重新定义着人们的使用环境、消费方式，重塑其新的用途。

数字化最明显的表现是在电子商务上。电子商务增长速度飞快，规模也很大。根据英敏特市场调查显示，亚太地区的电子商务消费将从2010年零售总额的3.69%增加到2020年的31.4%。

电子商务不仅是该地区当前贸易的重要增长点，同时也是整个地区经济和消费模式持续整合的重要组成部分，更是未来经济的重要推动力。

该地区的最重要的电子商务市场在中国。在电子商务的普及率、移动商务的吸引力和"新零售"创新等方面，中国在该地区处于领先。作为"新零售"的创新者，中国领先的平台正在创造着线上线下融合的新业务模式，创造了零售与支付、运输、餐饮和家政等消费服务的融合，并有可能在不远的将来在整个地区得到推广。

以网上购物为例，它可跨越国界。中国大陆消费者如今的购物范围已经扩展至全球，特别是在亚太地区内的消费。根据阿里巴巴的相关权威数据，在2017年"双十一"购物节期间，仅在24h内就有14.8亿笔支付交易，其中在140000个品牌当中有60000个来自中国大陆之外。

亚洲不仅仅是在"新零售"中进行创新，同时还在人工智能、新型替代能源、创新概念的食品、智慧城市规划、新型交通技术、增强和虚拟现实应用甚至数字身份集成等诸多方面进行着创新。

亚太地区的人口占全世界的一半，其过去几年平均收入增加，由于这两个因素，全球正在进入以亚洲为主导的新一轮的全球化进程，影响力还会持续增加。

1.2 新零售——线上线下的无界零售

移动支付带给人们的想象空间正在不断扩大,在可预见的未来,或将成为支撑消费增长的重要一环。移动支付的发展,同样为更多技术带来了应用空间和发展机遇。

近几年来,国内零售业正在经历低迷阶段,环境变化、成本上涨加之互联网电商的冲击使得传统零售经济开始寻求转型之道。而移动支付的快速发展和大数据的不断成熟,正为零售业的探索带来更多可能性。以技术为基础、融合线上线下的"新零售"机遇应运而生。

"新零售"的提法最早见于马云2016年的演讲。2018年适逢天猫"双11"全球狂欢节十周年,天猫有关人士2018年7月12日表示,"新零售"和"全球化"是2018年"双11"的两个核心关键词。

新零售即企业以互联网为依托,通过运用大数据、人工智能等先进的技术手段,将商品的生产流通和销售过程进行升级改造,进而重塑业态结构和生态圈,并对线上服务和线下体验以及现代物流进行深度的融合而形成的零售新核心。

新零售具有以下特点。

(1)数字化、全渠道以及更灵活的供应链这三个维度的交互融合

新零售最大的特点便是数字化、全渠道以及更灵活的供应链这三个维度的交互融合。其中,数字化是最核心的特点也是全渠道和更灵活的供应链的实现基础。

数字化的实质,就是将信息转化为数据,从而实现对于实体元素的合理、高效的统筹安排、管理和分配。中国的零售业在移动互联网飞速发展的赋能下,信息流和资金流的数字化程度都比较高,物流成为新零售进行数字化的重点,未来的物流信息甚至可以通过区块链来进行溯源(图1-2)。

● 图1-2 融合后的新零售生态圈

（2）线上线下渠道的打通

"新零售"是一个过程，电子商务的"空间"不断与实体购物空间实现结合。在中国，这一过程可以说是最先进的，领先的电商平台阿里巴巴通过线上优势与线下的超市连锁店盒马鲜生率先实现了这一整合。

"新零售"也是更广泛的数字消费服务环境整合过程的一部分。智能手机应用技术也正在促使网上购物与消费服务的结合，如汽车租赁、外卖等。腾讯这些移动社交媒体应用程序在整合其他应用程序的特性以创建"超级应用程序"——集服务、购物和生活方式于一体的小程序方面实现了领先（图1-3）。

● 图1-3 腾讯"小程序"

互动界面的组合也正在改变中国的消费者行为，这种趋势也越来越多地渗透进了亚太地区的其他国家。随着消费者行为的改变，这种整合后的移动电子商务模糊了人们的工作、休息、购物、娱乐的时间和地点，购物的场所和过程与娱乐、旅游和社交活动融为一体。根据相关调查，48%的中国城市消费者喜欢零售商们在线上购物节推出的有趣的互动活动（图1-4）。

● 图1-4 中国城市消费者喜欢在线上购物节参加有趣的互动活动

其结果是品牌与新消费者行为和环境的交互方式发生了变化，品牌必须建立与消费者之间的亲近性、即时性、亲密性和社交性。品牌也正在进行更多的跨界尝试，例如服务品牌正在与零售商合并、零售商正在成为酒店经营者、在线平台正在成为运输提供商等。

这一切意味着品牌现在必须超越传统模式,通过不同的平台、技术、地点、国家和行业与消费者接触,找到与消费者的生活方式更多的相关性。"新零售"正是推动整个地区变革的楔子。

(3) 生活方式的整合

不仅仅是品牌和零售商在适应"新零售",亚太各地的消费者也都在适应这一正改变着他们生活方式的新数字经济,例如,自行车共享应用程序的快速增长,共享工作空间和公共租赁住宿的不断普及。所有这些都由数字商务提供动力,所有这些也都在改变消费者的生活、工作、学习的方式。无法负担大量消费的单身年轻消费者通过数字"租赁"经济实现解放,摆脱经济与地域对于财产和自身发展的束缚,流动性变得越来越强。这种变化正在改变亚太地区物理空间的使用,比如受到"新零售"挑战的零售空间。

● 图1-5 日本"途中的健身房"

● 图1-6 茑屋书店

例如,日本便利店连锁店全家宣布推出新的24h健身俱乐部连锁店Fit&Go(图1-5),该健身连锁店配有便利店。它的目标人群与便利店顾客重合度很高,定位在20~40岁的人群。对24h运营的全家便利店来说,它本身就能吸引深夜晚归与清晨出门的人群。商品种类上,全家也会在同时运营Fit&GO的店铺货架上进一步突出摆放运动补剂之类的健康食品以及毛巾、沐浴用品等与健康美容相关的日用品。便利店兼健身房的概念旨在为消费者提供一个适合快速锻炼的场所,并购买食物、饮料或个人护理用品,以便在上下班途中使用。

在中国,知名的"全球最美书店"之一——茑屋书店(图1-6),与其同属一间公司的TSUTAYA连锁店,也开始尝试改装店铺,从一间租碟、租书为主要业务的连锁店变为结合书籍与杂货销售的瑜伽健身馆。

1.3 新零售时代的电商运作新思维

"新零售"的提出为传统电商以及传统商业发展提供了新思路，实施线上线下合力，以更好地满足消费者的需求。"新零售"成为对企业加强线上线下协同能力的新考验，如何借助"新零售"浪潮实现企业转型升级是传统电商企业以及传统商业共同面临的难题。

"新零售"借助云计算、大数据、人工智能以及物联网等先进技术手段，在科技与移动互联网相互推动下，将有更多的资源以及更广阔的市场使零售业在未来能够提升消费体验和优化销售，实现更大的发展。通过互联网技术以及线下实体商务的结合，通过用户需求和反馈的数据，摒弃以往线下零售店的库存压力和选品困难等问题，消费者在实体店体验产品，在网上下单，在家坐等送货上门，用最少的时间、人力成本，在最舒服的购物氛围中，享受最好的购物体验。而这样的效果，只有通过线上、线下、商品、渠道、物流等多种因素与技术创新的完美结合，才能够达到。

1.3.1 体验消费：与用户建立场景连接

其实，互联网的深化发展普及已经为所有的企业或商家摆脱渠道束缚、实现与用户的直接对接提供了条件和可能，关键是商家是否能够深刻理解把握"场景"和"体验"这两大要素，以用户体验为中心，及时、准确地找到用户在不同碎片化场景中的需求痛点，有针对性地向用户推送最应景的产品或服务，从而实现与用户的场景化连接。

显然，场景化思维是对互联网商业形态的更深刻理解和认知，是对移动互联时代用户碎片化、移动化场景的合理区分和利用，能为用户创造更优质、舒心的场景消费体验。出行场景、户外场景、实体店场景等，都是人们无法绕开也不可能被互联网取代的，商家要做的是将互联网与这些实体场景有机结合起来，为用户提供更优质的场景体验。

以场景化思维和场景体验去重新理解互联网的价值，那么互联网就绝不只是一种新的渠道，而是针对用户场景需求痛点提供问题解决方案、为用户创造优质体验的一种创新型思维和商业生态。只不过PC时代多是室内办公场景，而移动互联网则多是户外移动化、碎片化的生活服务场景。例如，为人们提供优质出行服务的滴滴出行，为人们外出游玩提供问题解决方案的去哪儿，针对吃饭场景的大众点评，以及基于机场候机场景的航旅纵横等。

1.3.2 社交互动：与用户建立情感连接

纵观布局线上营销的零售品牌，多以单向宣传为主，营销内容也单调乏味，难以真正吸引顾客注意。在移动互联网时代，线上营销内容需优化升级，让原本的"促销"转变为"社交互动"，进而建立与消费者的情感联系。

例如，时尚珠宝品牌Tiffany&Co推出"寻找订婚戒"App（图1-7），每款戒指都设计有传奇的爱情故事来吸引消费者，同时消费者在浏览戒指信息的过程中，也可选择适合的款式进行"试戴"。

● 图1-7　Tiffany&Co推出"寻找订婚戒"App

由上可见，针对线上营销，零售企业可将符合品牌文化的元素、生活元素等融入营销内容之中，进而增进与消费者的密切联系，为消费者提供销售之外的品牌体验。

在移动互联网时代大背景下，消费者掌握购物信息的平台变得越来越多，如社交媒体、用户评价等，促使购买决策也更加明智，原有的以实体店体验促成购买也日渐向消费者自主选购转型。随着市场经济的全球化发展，以及信息技术与物流技术的不断完善，可提供消费者选择的购物方式也日益增多，那些被选中的购物形式无疑是最优惠、最方便或者最舒适的，例如，网络比价、门店试穿、送货到家等。这就意味着，消费者可以随时随地获取购物信息，不再局限于实体店体验，新一代消费者购物更加自主。

技术是时代进步的驱动力，在数字化技术不断发展与完善的当下，技术力量推动服装零售业不断向全渠道进军，"消费者为王"的新零售时代已经到来。尽管宏观环境日新月异，零售市场变幻莫测，若零售业能够以数字化技术为核心，相信在不久的将来，全方位贴近需求、融合生活的极致体验会如期带给消费者。

02 网店视觉营销的黄金定律

2.1 聚集定律

视觉营销的要点是聚集消费者的视线，在被消费者注意的基础上，进一步激发消费者的关注度，才能提高营销成功的可能性。

在眼球经济时代，搭建视觉的磁场，聚集消费者的目光，能让电商的营销变得更具有价值和意义。

聚集定律主要用在宝贝主图、各类宣传广告图片、网店首页与宝贝详情页的图片布局。

（1）利用色彩搭配聚焦主题

① 对比　利用色彩的对比搭配突出设计对象的主题，聚集消费者的目光。

② 刺眼与舒适　对于一些快消品设计对象而言，表现其醒目性比创造舒适的阅读浏览体验更为重要。

③ 与众不同不等于聚集　与众不同的确会在一定程度上吸引目光，但却不能达到聚集营销力的最终目的。

（2）利用色彩的联觉聚焦图片

在对装饰商品的色彩进行选择时，需要以人们对色彩联觉的感知经验与习惯为指导，才能让设计出来的图片引起更多的、有明确购物需求的消费者的注目（图2-1）。

● 图2-1　GODIVA（歌帝梵）巧克力店铺首页设计——棕色让人联想到巧克力的味道

（3）聚焦构图

① 装饰标签　在安排图片的构图与版式时，添加一些装饰图形就如同给商品挂上了标签一般，能让图中的重点信息得到强调，从而引发消费者的关注（图2-2）。

● 图2-2　1号店4·19活动页面设计——中间亮点圆圈让促销活动夺人眼球

② 势能与指引　在图片获得消费者关注的基础上，将消费者的视线第一时间引导至最具吸引力的重点信息处，这样的设计能快速激发消费者的购买欲望，形成购买力（图2-3）。

● 图2-3　某运动品牌聚划算活动——奔跑的方向将视线集中在文字内容上

（4）聚焦框架与布局

① 用视觉动线让消费者聚焦　在互联网时代，消费者也形成了互联网的行为模式，他们青睐快速轻便的阅读体验，因此网店在进行视觉设计时，也要尽可能地给消费者营造这样的阅读环境（图2-4）。

同时商家也要明白，并不是商品信息摆放越多商品出售的可能性越高，如果这些商品信息不被消费者关注，放置再多的内容也是徒劳。尽可能地让所展示的商品被消费者看到，并

● 图2-5 当当网——阅读的夏天

聚集他们的注意力，提高所展示的商品信息的转化率，才是视觉设计要达到的目的。

② 利用好首焦位置　应尽量突显轻松感，从而给消费者带去较好的浏览体验，更好地聚集消费者的注意力。

应尽量在第一时间展示消费者最感兴趣的内容与信息，以博取他们的关注（图2-5）。

2.2　信任定律

信任是电子商务存在的基础，网店的视觉设计也是如此。获得消费者的认可与信赖的视觉设计才会赢得点击和转化，这也是视觉营销的最终目的。

信任定律主要用在宝贝主图、直通车主图、网店首页店招与公告、宝贝详情页首屏的商品展示图片。

（1）视觉元素的可信度

有些元素与信息本身便是一种有说服力的凭证，在图片的设计中适当地添加这些元素与信息，能有效地获得消费者的信任。当然，这是建立在图片的视觉表现力具备可信度的基础上的，过于劣质的图片设计即使添加了这些元素与信息也无法让消费者信服并产生点击欲望。

● 图2-4　奔腾吹风机产品详情页设计

●图2-6 苏宁易购金融理财页面设计

（2）信任感的视觉表现力

要想让图片富含具有信任感的视觉表现力，可以主要从摄影图像的处理与装饰效果的添加这两个方面入手，规范、精致、细心与细腻的设计总是能给消费者带去极具品质感的视觉享受，这也是让图片获得信赖的关键点（图2-6）。总之，认真你就赢了。

（3）打造店铺页面的可信度

① 店招　店铺首页与详情页的第一屏中都涉及店招的展示，店招的设计可以简洁，却不能缺乏规范与细致感，否则无法给消费者营造放心消费的环境。

●图2-7 蒙小橙店招

如图2-7所示，用店主的名字作为店招，给人以亲切感，"一整年的舒适感受"给人以舒适和信赖感。

② 商品展示图片　商品展示图片需要真实，以突显商品的可信度，提高转化率，同时也需要注意其编排的顺序与内容的表现（图2-8）。总之，站在消费者的立场、处处为消费者着想的设计更能打动人心。

●图2-8 蒙小橙四面弹系列女裤弹力展示

2.3 专属定律

专属定律的精髓在于，当提到某一品类的商品时，人们会在第一时间想到某个品牌，而这一切也是需要建立在视觉的基础之上的，有了视觉专属的识别符号后，品牌才能有被记忆的可能。

● 图2-9 笛莎——每个女孩都是公主

建立品牌的专属形象与地位，是视觉营销的必经之路。

专属定律主要应用在品牌、品牌VI（视觉识别）标准以及品牌精神的建立。

（1）专属定位

根据店铺的经营方向与经营理念去定位店铺品牌，找到一个专属于店铺品牌的印象与描述点，这样才能让店铺品牌形象更加鲜明，给消费者留下较为深刻的记忆（图2-9）。

（2）专属形象

店铺品牌的专属形象主要体现在品牌徽标、品牌口号和品牌风格这三个方面，品牌口号是品牌的称呼，而品牌徽标和品牌风格则是品牌的"外衣"，它们共同构成了专属于品牌的形象（图2-10）。在对它们进行设计时需要把握两个大的方向：

① 符合店铺品牌的定位方向；
② 易于理解与记忆。
这样才能更好地起到品牌宣传与传播的作用。

● 图2-10 笛莎聚划算活动——芭比娃娃、粉色色调都是公主的专属形象元素

（3）规范专属设计标准

品牌除了需要建立专属的形象以外，还需要根据这一形象的设计方向建立一系列规范的设计标准。统一的设计标准才能让品牌在传播过程中，不断地在消费者脑海中巩固自己的专属形象，否则，杂乱无章的表现形式只会干扰消费者对于品牌形象的识别（图2-11）。

● 图2-11　万仟堂旗舰店茶器艺术品店铺首页设计

（4）图片设计中的单品专属形象建立

在对单品进行宣传时，找准商品的显著特点，并将这些特点统一地表现在各类宣传推广图片之中，更有利于建立消费者对于单品的形象认知，形成了专属形象的单品更容易给消费者留下印象，且被他们记住（图2-12）。

网店设计看这本就够了（全彩升级版）
Online Store Design

● 图2-12　奔腾剃须刀产品详情页设计

（5）单品详情介绍中的单品专属形象建立

除了介绍单品的图片以外，单品的表现形式还包括了单品的详情页。建立单品详情页的专属形象，不仅能使商品的介绍与众不同、加深品牌在消费者脑海中的印象，而且结合单品特点的应景表现能使商品的专属形象更为明显，商品的特色也因此呼之欲出，这一切都会进一步促使消费者产生购买的冲动（图2-13）。

（6）渗透专属精神与文化的视觉设计

品牌专属精神与文化的建立不仅是品牌得以发展的重要因素，而且能让品牌形象更加鲜明且富有特色，而在视觉设计的过程中贯穿这样的精神与文化，能让品牌

● 图2-13　飘零大叔酱烧猪蹄食品详情页设计

得到更好的传播,同时也能加深消费者对于品牌的印象。

电商主要是通过视觉给消费者传递商品或店铺等信息的,视觉营销的作用不容忽视,因此,对于电商而言,品牌专属精神与文化需要和视觉设计是相辅相成的。品牌专属精神与文化只有通过视觉感官传递给消费者后,才能达到促进消费的目的。

如图2-14所示,美即面膜倡导全新的"女性休闲主义"生活方式:每天留一段时间、一个空间给自己,与自己分享一曲乐章、一片面膜、一盏香茗、一缕馨香……让自己在如此澄心之境,回归自然,平衡身心之灵。其五周年店庆冬季活动主题"闺蜜奇缘"也恰好呼应了美即面膜的品牌诉求和文化呈现。

● 图2-14　美即官方旗舰店冬季店铺首页设计

2.4 细分定律

细分定律中体现的细化思维能帮助商家更好地展现营销内容，在方便消费者购物的同时，也能获得他们的好感与关注。

细分定律主要应用在分类导航条、广告宣传图片设计中所体现的产品细分与品牌细分。

（1）根据商品特点进行规则细分与展示

① 规则细分　根据店铺中商品最显而易见的特点和属性进行细分，虽然可能不能突显商品的个性与特色，却能让消费者感到熟悉，从而节省他们的思考时间，让他们可以更为直接地进行选择（图2-15）。

●图2-15　苏宁易购4·18会场细分

② 规则细分表现　在进行商品细分的表现时，需要与店铺的装修风格保持一致，这样才不会使该版块显得格格不入、与店铺脱节。同时，其表现的逻辑也需要与进行细分时的逻辑保持统一，否则层级关系混乱的表现也无法使消费者快速且精准地找到自己所需的商品。

如图2-16所示，帝牌男装店铺首页的设计，整体色调、图片排版干净利落，层次清晰。

（2）根据店铺特点进行特色细分和展示

① 特色细分　特色细分的目的是通过细分与细分的视觉呈现来吸引消费者的关注，在给消费者提供更多便利选择的同时，促进店铺的销售，因此可以说，特色细分也是视觉营销不容忽视的环节。

网店视觉营销的黄金定律 02

● 图2-16 帝牌男装店铺首页设计

● 图2-17 momandbab旗舰店商品分类

019

② 特色细分表现 在设计特色细分表现时，除了要顾及店铺的装修风格和层级的逻辑关系以外，还要注意所使用的图形图像装饰需要与细分类目形成对应感，并且要找到具有典型性的图形图像去突出细分的特色（图2-17）。

（3）细分受众心理，找准诉求点

当已经细分出了商品的受众群体后，营销与推广就可以变得更具针对性，方便了以受众群体最关键的诉求点作为突破口或主题进行推广宣传图片的设计。在这一基础上，如果能更加深入地挖掘和进一步细分受众群体的需求，会让图片更具感染力和激发消费者购买欲望的营销力（图2-18）。

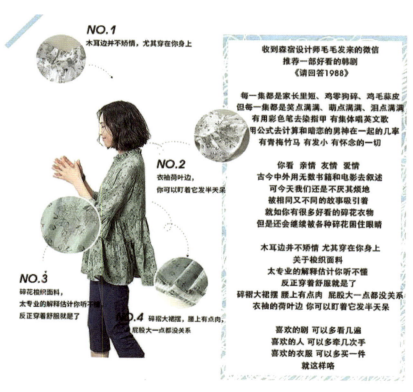

●图2-18 天猫品牌街"森宿"专栏

（4）品牌诉求细分让品牌传达更精准

除了需要根据受众群体去细分视觉表现以外，还需要顾及品牌的诉求、品牌需要给消费者呈现和传达出什么样的精神与文化气息。可以说，品牌诉求也是细分与锁定品牌视觉表现的一个关键因素。

以素缕品牌为例，它定位于女装，是东方复古原创设计师品牌，专注于棉麻天然材质，设计风格自然质朴、文艺复古，设计上多以宽松的轮廓为主，对身体没有束缚，强调舒适感，让身体和心灵更轻松自在。

素缕在女装店铺发展到一定规模后，又相继创立了男装和童装品牌。此时，在进行视觉设计时如果沿用女装品牌的设计形象显然是不恰当的，因为男性、儿童与女性有着不同的特点，相同的设计很可能会让男装、童装商品失去能迎合受众群体的特色表现。商品的视觉包装如果不能与商品的特色及属性相统一，不仅不能很好地突出商品，还会使商品不伦不类，无法让受众群体很好地感受商品，对商品失去兴趣。

图2-19为"素缕"女装品牌首页截图，无论是店铺品牌的标志、字体还是广告图片的风格都显得清秀和文艺，凸显了女性的优雅纯净。

图2-20则为"自古"男装品牌首页截图，字体笔画更加粗壮，突出展示了男性的刚强。选择书法字体，纵向排列文字都与"自古"品牌的需求——禅意相关。

同样，在对"果芽"童装品牌进行视觉设计时，也要考虑品牌诉求——自然与鲜活。因此，标志的设计采用了绿色和棕色搭配幼芽图形凸显了稚嫩感。不论是店招还是轮播图、文字、色彩和字体，都表现出了可爱、清新之感（图2-21）。

● 图2-19 "素缕"女装品牌首页

● 图2-20 "自古"男装品牌首页

● 图2-21 "果芽"童装品牌首页

2.5 融合定律

用同一个声音说话，能让品牌的形象在统一中得到巩固。

融合定律主要应用在品牌的融合、导航设计风格以及宝贝（商品）详情页中的商家与销售对象的融合。

（1）根据最基本的品牌精神融合视觉设计风格

在细化品牌分类的同时，商家需要找到根植于品牌的核心精神，并将其作为品牌后续发展的指导思想，在不同中统一核心品牌与子品牌的设计风格，更为强烈的视觉融合感有利于品牌形象的稳固与发展，这也是品牌营销时视觉设计的关键思想。如上文所提到的素缕品牌，风格的融合便强化了整个品牌的形象与精神。

（2）细分多品牌中的融合

即使品牌进行了分化，它们也不是完全独立的，而是存在着联系，对它们进行融合能让消费者首先从视觉上注意到从核心品牌延伸出来的多个品牌，这样既能满足消费者的多种需求，也能达到多品牌发展的目的——扩大品牌的影响力，增加品牌组合投资效益。

如图2-22～图2-24所示，虽然根据其品牌细分的方向，各个品牌都有着不同的细分设计，但是这些设计在主线上依然没有发生变化，发展方向也一直固定在商家所擅长的领域。

●图2-22 "素缕"主攻复古女装，追求素雅

●图2-23 "自古"主攻禅意男装，刚健而不失禅意

●图2-24 "果芽"主攻简约童装，显得鲜活可爱

（3）类目设计要细分也要融合

除了品牌的细分需要进行融合的视觉设计以外，类目的细分同样需要进行融合设计，其中融合体现在两个方面。

第一是通过品牌思想的融合去进行视觉融合的表现，当细分进行到一定程度后，便需要通过融合去更好地指引消费者。

第二则是更多地倾向于统一融合，在进行视觉表现时，统一的视觉传达格式且融入品牌设计诉求与风格的视觉表现，既有助于品牌形象的传递，也会让页面在整洁中获得消费者的认可及信任。

●图2-25　"西缺"复古女装店铺

图2-25所示为"西缺"复古女装店铺，点击"连衣裙"类目后下一页面会有从细节、风格和材质上的更加详细的分类查找，消费者在此基础上可以一目了然地进行选择购物。

（4）融合营销下的视觉设计

有时进行融合营销能带动店铺销售，并实现合作双方的共赢，值得注意的是，在这一过程中也需要通过视觉去合理地表现这样的融合，将营销的融合体现在视觉设计之中，这样才能让消费者更好地感受到商品带给他们的利益点，从而促成他们的购买（图2-26）。

●图2-26　圣诞节头图banner设计

（5）融合销售对象，扩大营销范围

从消费者的购买感受出发，找到看似不可能购买该商品的消费者与该商品受众之间可以融合与联系的点，并将它们融入与商品相关的视觉设计之中，能在扩大商

●图2-27　欧诗漫旗舰店化妆品banner设计

●图2-28　美国新奇士橙回归季食品专题设计

品购买群体的同时提高商品销售额。

女性化妆品的受众群体一般为女性，但图2-27中欧诗漫旗舰店化妆品banner设计则将销售的对象扩展到了男性——"表白神器"这样的文案让男性有了购买女性化妆品的理由，增加了商品销售的受众范围。

2.6　情感定律

只有情感能叩开人们的心扉，电商的视觉营销也是如此。

情感定律主要应用在品牌故事版块、各类宣传广告图片、会员制度版块、游戏版块、宝贝详情描述。

（1）品牌情感的视觉化表现

情感可以维系品牌的忠诚度，是品牌在情绪上对消费者的影响与触动。通过情感交流走进人们生活的品牌，能与人们缔结出深刻而持久的联系。而对于电子商务这一立足于互联网的销售模式而言，情感化的前提是将情感视觉化。传达的关键是找到品牌情感表现的关键词，并围绕这一关键词，找到最具代表性的视觉元素，以此来建立与巩固品牌与消费者之间的情感纽带。

图2-28是美国新奇士橙回归季食品专题设计，配上新奇士橙耕种、获奖的图片和对历史、品质的解说文案，使消费者深切地感受到新奇士橙的优质、新鲜，感受到"回归"的诚意和不易，让人不愿错过。

（2）推广的视觉设计与情感表现

虽然商品广告是"死"的，但是我们却可以通过设计赋予它们生命，这一点对于电商而言尤为重要。我们知道，网购的消费者无法通过实际的触碰去感受与了解商品，此时，如果在商品的广告中植入情感因素与表现，能让消费者更为信任与认同商品（图2-29）。

● 图2-29　小猪班纳童装季天猫店铺首页设计

（3）回头客营销中情感的视觉表现

① 凸显品牌情感　在进行会员中心版块的视觉设计时渗透品牌的情感，不仅能让品牌的精神得到进一步的传播，而且能因此获得受众群体的认可和忠诚（图2-30）。

② 考虑消费者的情感体验　除了在视觉设计风格上需要融合品牌情感以外，在对版块中的文字信息进行编排时，也需要照顾到消费者的情感体验（图2-31）。其一，相对于没有任何情感的文字而言，在一些较为引人注目的标题性文字中注入品牌内涵和情感，有时更能打动消费者。其二，由于在购物时，消费者更倾向于获得轻松感，因此，文字信息也应尽量以直观与简洁的方式去呈现，避免给消费者带去烦躁与不安的情绪。

（4）参与互动情感

互联网连接了消费者与商家，同时也阻碍了消费者更为直观地购物，这是网购的特点。此时，增添参与互动的元素能在一定程度上消除消费者与商家之间的屏障，给消费者带去乐在其中的情感体验，也能吸引他们的目光，刺激他们的购买欲望（图2-32）。

（5）趣味与亲和力表现

如今的市场供大于求，在竞争激烈的环境下，进行视觉设计时添加趣味与亲和元素，让消费者感受到商家的用心与周到，才能更进一步地推动消费者进行购买（图2-33）。

●图2-30　苏宁会员联盟璀璨上线活动

●图2-31　慈铭体检官方旗舰店活动

●图2-32　唯品会新人福利联盟活动专题

●图2-33　优贝宜宣传页面设计

2.7 牺牲定律

要把握营销的重点方向，某件商品或者服务不可能满足所有人的需求，有时候必要的牺牲才能换来更多的收益。

牺牲定律主要应用在宝贝主图、钻展图片、轮播图片等广告宣传图片，宝贝试用版块、包装说明版块以及网店首页与活动设计等。

● 图2-34 米奇网送睫毛膏全场特惠专题设计

（1）牺牲信息，不拖点击率的后腿

① 通过牺牲突出主体　没有主体就不能形成视觉焦点，消费者也就不能很好地明白广告的意图，牺牲部分信息能让图片变得更为整洁。

② 通过牺牲避免重复　图片中过多的信息只会使人眼花缭乱，同时也容易出现累赘的现象，此时，使用牺牲定律能筛选且去掉不必要的重复叙述，让信息能在有限的图片空间内以更便于阅读的舒适排列展现在消费者眼前（图2-34）。

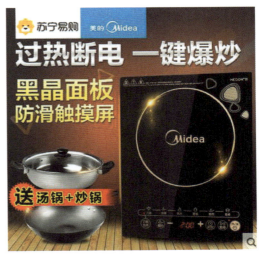

● 图2-35 苏宁易购美的电磁炉活动——购电磁炉送汤锅炒锅

（2）围绕卖点而牺牲才能更卖座

① 牺牲卖点　或许一些商品有诸多的卖点，然而在进行广告设计时，却需要注意牺牲掉过于常见、不具备个性及表现力的卖点（图2-35），因为有时不具有画面感的卖点无法引起消费者的共鸣，没有共鸣的卖点自然也不能吸引消费者。

② 围绕卖点而牺牲　可能有时筛选出来的最富有商品个性的卖点，其实也是其他同类商品的商家可能会想到并争先恐后去表现的卖点，那么在进行广告图片的设计时，还需要做出进一步的牺牲——围绕这一突出卖点进行广告图片中图文编排的牺牲。这种牺牲不仅能保持广告图片的简洁感，避免杂乱，简单的点睛之笔有时也能富有新鲜感，在吸引消费者眼球的同时也便于消费者对信息的捕捉，让图片更具广告效应。

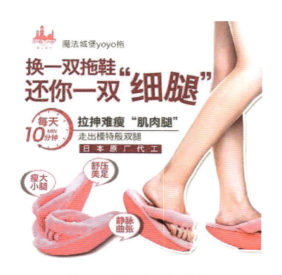

图2-36 是魔法城堡悠悠拖拖鞋的广告图片,一句"换一双拖鞋还你一双细腿"的文案突出卖点,直观,并且放大"细腿"两字,准确抓住消费者的心理,通过牺牲繁复而不具效应的描述,宣传效果大大增强。

(3)牺牲部分受众找寻广告设计噱头

"更大的网能够捕捉更多的客户",有时商家往往就是被这样一句话所禁锢,于是舍不得做出牺牲,害怕做出牺牲后会失去一部分受众群体,销售额也会因此降低。

● 图2-36 魔法城堡悠悠拖拖鞋

其实不然,因为牺牲的目的并不是舍弃消费者、拉低销量,而是通过某些牺牲更有针对性地锁定目标群体,寻找广告设计的噱头,例如根据节日或季节做出相应的牺牲,只有这样才能牢牢地抓住这部分群体,也才能更大限度地发掘这部分消费群体的潜力,提高购买的转化率(图2-37)。相比之下,大众化的、没有集中力的推广方式看似人人受益,却似乎少了点攻破人心的诱惑力。

● 图2-37 阿里智能聚聪明活动——结合热播韩剧《太阳的后裔》锁定宅男宅女们的眼球

(4)针对商品特点的服务牺牲

① 商家展示特色服务 商家根据商品特点制定相应的特色服务,能在一定程度上降低消费者因为网购而需要承担的风险,牺牲了部分利益却能让消费者更加放心大胆地购买。然而在这一过程中,商家需要将特色服务通过视觉设计呈现在消费者面前(图2-38)。

网店视觉营销的黄金定律 02

● 图2-38　嘉森玻璃密封罐活动　　　　　● 图2-39　金尊摄影免费试拍活动

② 通过消费者展示服务　将视觉设计的权力转移到消费者手中，不仅能调动消费者参与的积极性，而且能靠真实与可信的表现提高店铺的转化率，这就是牺牲必要的利润后形成的特色"试用商品"服务（图2-39）。

（5）包装的牺牲

① 外包装的牺牲　外包装的材料以及包装的过程会花费一部分财力与人力，却能给消费者带去良好的购物体验，并能影响消费者对商品的购买信心。对于视觉营销而言，商家除了介绍商品的基本属性以外，还需要清晰明了地展现商品外包装的情况。

② 商品包装的牺牲　商品的包装设计同样会牺牲掉一部分精力，却能通过统一的包装展示巩固消费者的购买意图，同时也对品牌形象的建立与传播有一定的帮助（图2-40）。

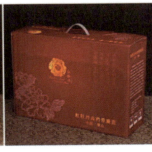

● 图2-40　红牡丹家居旗舰店瓷器包装说明

(6) 改变与牺牲

如果不牺牲原有的自己，不通过改变去迎合消费者的口味，那么只会自己被"牺牲"。特别是对于电商而言，其建立的基础是互联网，而互联网的特点是，快速传播，快人一步的变化总是能为店铺赢得可观的收益（图2-41）。

● 图2-41 利用"科比退役"话题宣传活动

2.8 坦诚定律

诚信对于商家而言是不可或缺的道德力量，对于电商来说更是无比珍贵的无形资产。坦诚定律主要应用在宝贝详情页、店铺活动版块、购物相关注意事项版块的设计。

（1）坦诚也是免责

在进行商品展示的过程中，商家需要更为细致地从消费者的角度出发，进行周全的考虑，并通过说明尽量让消费者接收到这些信息，在这一过程中，"坦诚"是一个关键词。

展示商品的优势很重要，它是吸引消费者购买的第一步，而在此基础上，如果能坦然地面对商品的不足，就能在一定程度上缓和消费者收到商品后可能产生的不满情绪，也相当于一种免责说明，是一种预防交易纠纷的技巧。

坦诚还能让消费者在全面细致的说明中感受到商家的用心，从而忽略商品细微的不足，并留下良好的购物印象，这也能帮助店铺建立好口碑、迎来回头客。

（2）商品的"不足"有时正是特色

有些商品表面上看是存在一些"不足"，这些"不足"或许会让商品变得不美观、不严谨，但这可能恰恰是商品的特色。

商家们需要做的是坦诚地将这些不足逆行视觉设计之后传达给消费者，对不足进行澄清与说明，才能更加突显店铺或商品的特点（图2-42）。

（3）坦诚是营销的润滑剂

卖家发现消费者在购物时可能会遇到的问题并坦诚地回答这些问题，能给消费者带来购物便利，让他们感受到商家的贴心与周到，还能在一定程度上避免一些不必要的纠纷和消费者购物时的担忧及顾虑，从而提高商品被购买的可能，也让商家的营销变得更加轻松。

● 图2-42 福瑞狮生态园丑柑售卖活动

2.9 痛点定律

揭伤疤是一件令人反感的事情，然而对于电商的营销而言，通过正确的视觉表达方式去阐述消费者的痛点，能让他们印象深刻，最关键的是，商家要呈现能将痛点抚平的"法宝"。同时，有时商家自揭"伤疤"也能换来同情、促进销售。

痛点定律主要应用在宝贝详情页、各类广告宣传图片、网店首页说明版块的设计。

（1）展示自己的"痛"，换取理解与支持

痛点定律的其中一个方面就是让消费者了解你的"痛"，这种"痛"可以是通过视觉元素呈现出来的"痛"，如一些哭泣或难过的表情，还可以是通过叙述一点点地呈现在消费者面前的"痛"（图2-43）。

● 图2-43 淘宝地道中国樱桃活动专题——"一万"对比"十颗"

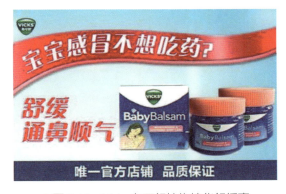

● 图2-44 Vicks息可舒植物精华舒缓膏

总之，给消费者展示你的"痛"，并不是向消费者抱怨或发牢骚，而是让消费者能够发自内心地理解和支持你，在打消他们消费顾虑的同时，提高自家商品的销量。

（2）展示并解决消费者的"痛"

痛点定律的另一个方面便是去了解消费者的"痛"，其实也是对用户体验进行设身处地思考，这样能更加让消费者感受到商家的用心。这需要商家了解商品的受众群体，并能结合商品的特色总结出受众的"痛点"，以此为切入点展示与突显商品的功能与特点（图2-44）。

2.10 移动定律

手机移动端的电商视觉营销与PC端是有区别的。

移动定律主要应用在手机移动端的优惠券设计、导航设计、广告图片设计、宝贝详情页设计、首页店招设计、店铺活动版块设计以及微淘设计。

（1）照顾消费者的操控体验

与PC端使用鼠标去完成各项任务不同，手机移动端的操控属于交互精度相对较差的手势形式，针对这个特点，商家需要做出改变，使视觉设计迎合消费者的操控体验，给消费者提供流畅的购物过程，这样才能提高手机移动端店铺的收益。

● 图2-45　PC端淘宝网界面

网店视觉营销的黄金定律 02

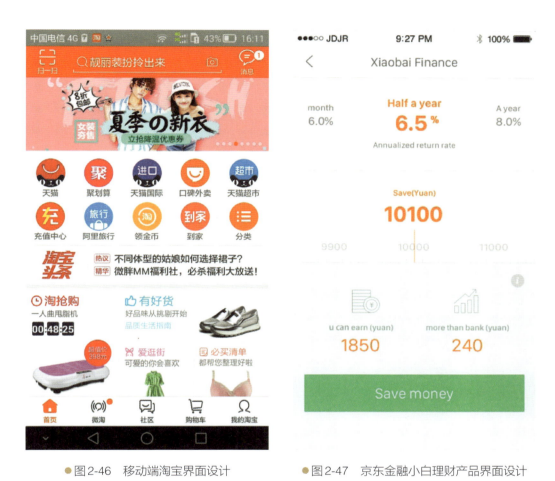

● 图2-46　移动端淘宝界面设计　　　　● 图2-47　京东金融小白理财产品界面设计

如图2-45和图2-46所示，以淘宝网PC端和移动端界面设计为例，通过对比，不难发现，移动端的界面进行了许多简化处理，没有了繁复的装饰图案、插画，繁多的分类按钮与广告图片也进行了精简，这样的设计迎合了移动端的操作特点，也考虑了用户的体验和感受。

（2）简洁带来的顺畅与便捷的体验

在进行移动端卖场的视觉设计时，需要做出与PC端设计不同的改变，简洁的设计更能满足消费者对快捷、便利的追求，也只有这样才能更加明确地达到移动端卖场营销的目的（图2-47）。

2.11　社群定律

商家通过对社群的打造，能够积累一定的粉丝群体，而这些粉丝也是社群的重要成员。粉丝效应带来的是口碑、好感度、信任以及高速传播链的形成，这也是社群定律的意义所在。

社群定律主要应用在微信公众号、微博、淘宝店家自发交流区版块、来往版块、淘宝帮派版块的设计。

（1）社群中注入正面信息更有助于品牌的发展

商家在进行社群的维护与经营时，首先需要抱有正面与积极的态度。每一个社群如同一个世界，商家给予什么样的能量，消费者就会传递出什么样的情绪，正面、良善、积极的心境是被大部分消费者所接受的价值观。

因此，在进行相关的设计与视觉传播时，社群传播内容应多传递正面信息，还可以介绍与商品相关的知识，从而让消费者感到关怀与贴心……这些信息与表现都能在一定程度上感染消费者，让整个社群的氛围更为融洽与愉悦。

（2）多种形式的分享能调动参与感

社群效应在于利用粉丝带来口碑、好感度与信任的力量，而社群的发展与建立是离不开商家的引导与调控的。其中，开放分享平台、让大众都参与的多形式的分享方式可以给消费者提供展现自己的机会，同时也能让交流变得更加顺畅，也才会吸引更多粉丝的关注。

为了让社群往更正面与健康的方向发展，商家还需要进行引导，挖掘与创建一些与店铺销售息息相关的主题活动，带动消费者参与其中，并促使他们或更多人通过阅读分享的内容形成在店铺中的购买行为。

总之，商家要做的便是营造良好的参与感、互动体验及交流氛围，这样才会让社群更具凝聚力，也才能突显社群的力量，最终达到商家建立社群的目的。

（3）在社群中贯穿利他思想

社群定律告诉我们，营销的概念其实已经发生变化，单纯卖力销售不能形成与消费者的沟通和联系，不能维系与留住消费者。处处为消费者着想、利他的思考方式看似与经营无关，却能在潜移默化中为店铺积累更多的顾客资本，收获更多的潜在效益。

说到将社群定律运用得较好的淘宝店铺，这里不得不提到"蒙小橙"品牌，这家店铺以店主的名字命名，主营女裤，现在同样的面料又扩展到连衣裙、半身裙，不仅将淘宝店铺经营得有声有色，这两年又创办了古卡希女士内衣微商店铺，各种互动交流版块和活动吸引了大批的粉丝，这些粉丝从橙粉转古粉，许多成为代理，将内衣微商作为热爱的第二第三职业，甚至辞掉原来的工作专心于此。通过开展微古商学院活动，教授如何经营微商，给大家提供理论和实践的课堂，做他们坚实的后盾（图2-48）。

● 图2-48　古卡希微商社群活动

03 网店视觉设计中的色彩要素

3.1 色彩原理

色彩感觉信息传输途径是光源、彩色物体、眼睛和大脑,这也是人们色彩感觉形成的四大要素。这四个要素不仅使人产生色彩感觉,而且也是人能正确判断色彩的条件。在这四个要素中,如果有一个不确定或者在观察中有变化,就不能正确地判断颜色及颜色产生的效果。因此,人们在认识色彩时并不是在看物体本身的色彩属性,而是将物体反射的光以色彩的形式进行感知。人对色彩感知的过程如图3-1所示。

色彩可分为无彩色和有彩色两大类。对消色物体来说,由于对入射光线进行等比例的非选择吸收和反(透)射,因此,消色物体无色相之分,只有反(透)射率大小的区别,即明度的区别。明度最高的是白色,最低的是黑色,黑色和白色属于无彩色。在有彩色中,红橙黄绿蓝紫六种标准色比较,它们的明度是有差异的。黄色明度最高,仅次于白色,紫色的明度最低,和黑色相近。可见光光谱线见图3-2。

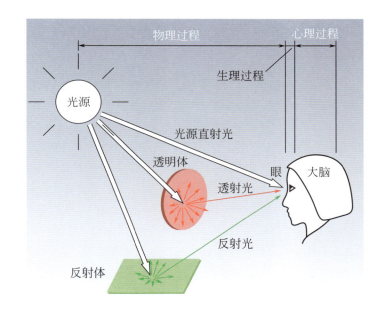

● 图3-1 人对色彩的感知过程

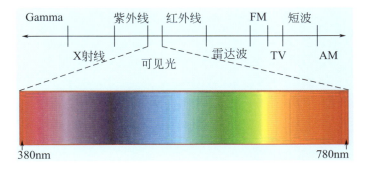

● 图3-2 可见光光谱线

3.2　色彩三要素

有彩色表现很复杂，人的肉眼可以分辨的颜色多达一千多种，但若要细分差别却十分困难。因此，色彩学家将色彩的名称用它的不同属性来表示，以区别色彩的不同。用"明度""色相""纯度"三属性来描述色彩，更准确更真实地概括了色彩。在进行色彩搭配时，参照三个基本属性的具体取值来对色彩的属性进行调整，是一种稳妥和准确的方式。

3.2.1　明度

明度，是指色彩的明暗程度，即色彩的亮度、深浅程度（图3-3）。谈到明度，宜从无彩色入手，因为无彩色只有一维，很好辨认。最亮是白，最暗是黑，以及黑白之间不同程度的灰，都具有明暗强度的表现。若按一定的间隔划分，就构成明暗尺度。有彩色即靠自身所具有的明度值，也靠加减灰、白调来调节明暗。例如，白色颜料属于反射率相当高的物体，在其他颜料中混入白色，可以提高混合色的反射率，也就是提高了混合色的明度。混入白色越多，明度提高得越多。相反，黑色颜料属于反射率极低的物体，在其他颜料中混入黑色越多，明度就越低。

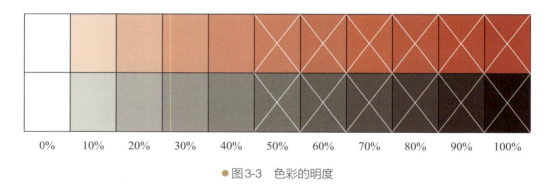

● 图3-3　色彩的明度

明度在三要素中具有较强的独立性，它可以不带任何色相的特征而通过黑白灰的关系单独呈现出来。色相与纯度则必须依赖一定的明暗才能显现，色彩一旦发生，明暗关系就会同时出现，在进行一幅素描的过程中，需要把对象的有彩色关系抽象为明暗色调，这就需要有对明暗的敏锐判断力（图3-4）。

03 网店视觉设计中的色彩要素

●图3-4 明度较高的粉色——化妆品类目春季首页设计

3.2.2 色相

有彩色包含了彩调，即红、黄、蓝等几个色族，这些色族便叫色相。

色彩像音乐一样，是一种感觉。音乐需要依赖音阶来保持秩序，从而形成一个体系。同样的，色彩的三属性就如同音乐中的音阶一般，可以利用它们来维持繁多色彩之间的秩序，形成一个容易理解又方便使用的色彩体系。所有的色可排成一环形。这种色相的环状排列，叫作"色相环"，在进行配色时它是非常方便的图形，通过它可以了解两色彩间有多少间隔。

色相环是怎么形成的呢？以12色相环为例，色相环由12种基本的颜色组成。首先包含的是色彩三原色（primary colors，图3-5），即红、黄、蓝。原色混合产生了二次色（secondary colors），用二次色混合，产生了三次色（tertiary colors）。

原色是色相环中所有颜色的"父母"。在色相环中，只有这三种颜色不是由其他颜色混合而成的。三原色在色环中的位置是平均分布的。

二次色位于两种三原色的中间。每一种二次色都是由离它最近的两种原色等量混合而成的颜色（图3-6）。

三次色是由相邻的两种二次色混合而成（图3-7）。

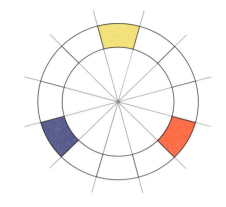

●图3-5　三原色

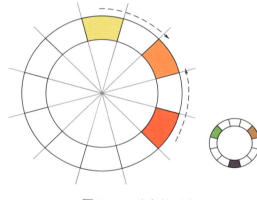

●图3-6　二次色的形成

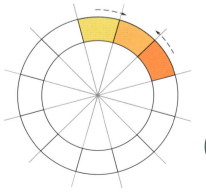

●图3-7　三次色的构成

在色相环中的每一种颜色都拥有部分相邻的颜色，如此循环成一个色环。共同的颜色是颜色关系的基本要点。在图3-8的这七种颜色中，都共同拥有蓝色。离蓝色越远的颜色，如草绿色，包含的蓝色就越少。绿色及紫色这两种二次色都含有蓝色。

在图3-9的这七种颜色中，都拥有黄色。同样的，离黄色越远的颜色，拥有的黄色就越少。绿色及橙色这两种二次色都含有黄色。

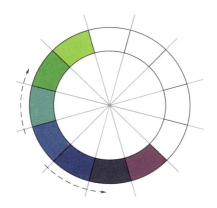

● 图3-8　包含蓝色的色彩

在图3-10的这七种颜色中，都拥有红色。向两边越散开，红色就含得越少。橙色及紫色这两种二次色都含有红色。

红、橙、黄、绿、蓝、紫为基本色相。在各色中间加插一两个中间色，色相从头到尾，按光谱顺序为红、橙红、黄橙、黄、黄绿、绿、绿蓝、蓝绿、蓝、蓝紫、紫、红紫。这十二色相的彩调变化，在光谱色感上是均匀的。如果进一步再找出其中间色，便可以得到二十四个色相。在色相环的圆圈里，各彩调按不同角度排列，则十二色相环（图3-11）每一色相间距为30°，二十四色相环每一色相间距为15°。

日本色研配色体系PCCS对色相制作了较规则的

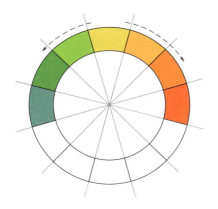

● 图3-9　包含黄色的色彩

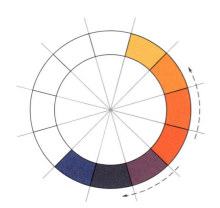

● 图3-10　包含红色的色彩

最外圈的色环，由纯色光谱秩序排列而成
当中一圈是间色：橙、绿、紫
中心部分是三原色：红、黄、蓝
各色之间，呈直线对应的就是互补色关系

● 图3-11　色相环

041

统一名称和符号（图3-12）。成为人类色觉基础的主要色相有红、黄、绿、蓝四种色相，这四种色相又称心理四原色，它们是色彩领域的中心。这四种色相的相对方向确立出四种心理补色色彩，在上述8个色相中，等距离地插入4种色相，成为12种色相。再将这12种色相进一步分割，成为24个色相。在这24个色相中包含了色光三原色（泛黄的红、绿、泛紫的蓝）和色料三原色（红紫、黄、蓝绿）这些色相。色相采用1～24的色相符号加上色相名称来表示。把正色的色相名称用英文开头的大写字母表示，把带修饰语的色相名称用英语开头的小写字母表示。例如，1：pR、2：R、3：rR。

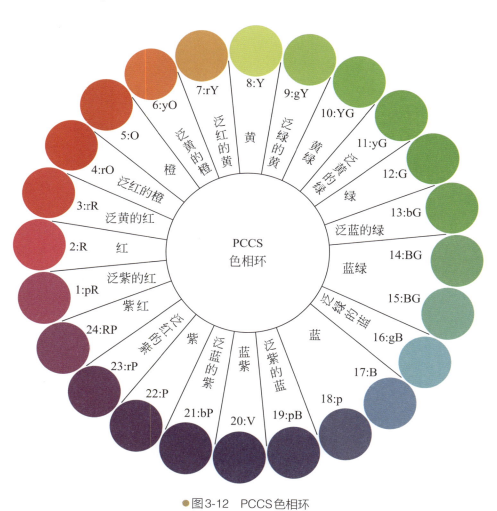

●图3-12　PCCS色相环

3.2.3 纯度

色彩的纯度是指色彩的鲜艳程度，人的视觉能辨认出的有色相感的色，都具有一定程度的鲜艳度。所有色彩都是由红（玫瑰红）色、黄色、蓝（青）色三原色组成，原色的纯度最高，所谓色彩纯度应该是指原色在色彩中的百分比。

色彩可以由以下四种方法降低其纯度。

① 加白　纯色中混合白色，可以减低纯度、提高明度，同时各种色混合白色以后会产生色相偏差。

② 加黑　纯色混合黑色既降低了纯度，又降低了明度，各种颜色加黑后，会失去原有的光亮感而变得沉着、幽暗。

③ 加灰　纯色混入灰色，会使颜色变得浑厚、含蓄。相同明度的灰色与纯色混合，可得到相同明度不同纯度的含灰色，具有柔和、软弱的特点。

④ 加互补色　纯度可以用相应的补色掺淡。纯色混合补色，相当于混合无色系的灰，因为一定比例的互补色混合产生灰，如黄加紫可以得到不同的灰黄。如果互补色相混合再用白色淡化，可以得到各种微妙的灰色。

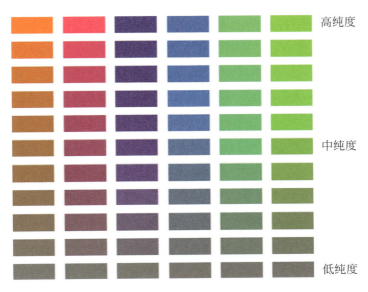

●图3-13　色彩的纯度

低纯度基调，易产生脏灰、含混、无力等弊病；中纯度基调具有温和、柔软、沉静的特点；高纯度基调具有强烈、鲜明、色相感强的特点（图3-13）。纯色相组成的基调为全纯度基调，是极强烈的配色；如果是对比色相的全纯度基调，则易产生炫目、杂乱和生硬的弊病。

　　纯度对比强弱决定于纯度差。纯度弱对比是纯度相差比较小，大约在3级以内；纯度中对比是纯度差间隔在4～6级的对比；纯度强对比是纯度差最大的对比，如高纯度色与接近无彩色系的对比，是大于6级的对比。色彩的模糊与生动的纯色对比，也就是用灰色去对比纯色，使纯色更加生动，但要注意色阶。

(a) 褐色和蓝色中低纯度弱对比

(b) 黄色和橙色的高纯度弱对比

(c) 灰粉色黄色紫色的低纯度中对比

(d) 六种颜色的纯度强对比

(e) 背景黄色和橙色的高纯度弱对比

(f) 蓝红紫黄色块和灰蓝色块的高纯度强对比

●图3-14　各种颜色的纯度对比

网店视觉设计中的色彩要素　03

为了加强色彩的感染力，不一定依赖色相对比，一堆鲜艳的纯色堆在一起有时倒显得吵闹杂乱，相互排斥，有时则相互削弱，只有跳跃、喧闹的效果，而无突出某一主色的效果。若想突出某一主色，自然要用降低辅色的纯度去衬托主色，这样主次分明，主题突出。图3-14是各种颜色的纯度对比。

3.3　常见的色系配色

3.3.1　红色系配色

红色是一种激奋的色彩，有刺激效果，能使人产生冲动、愤怒、热情、活力的感觉。

（1）常见的红色配色方案

色彩中加入红色会使其热力强盛，极富动感和喜悦气氛。

红色与黑色的搭配在商业设计中，被誉为商业成功色，在页面设计中也比较常见。红黑搭配色，常用于较前卫时尚等要求个性的页面中。

在红色中加入少量的蓝色，会使其热性减弱，趋于文雅、柔和。

在红色中加入少量的白色，会使其变得温柔，趋于含蓄、羞涩、娇嫩。

常见的红色配色方案如图3-15所示。

（2）适用红色系的网店设计

在网店页面颜色应用中，使用红色为主色调的网店比较多。红色的娇艳很容易让人联想到女人，美容化妆品、女装、婚庆等网店很适合用红色系搭配，以营造出娇媚、诱惑、艳丽、热烈等气氛。

如图3-16所示，CHEERSGIRL购物App的界面以时尚大气的玫红色为主色调，贴近女士心理。

● 图3-15

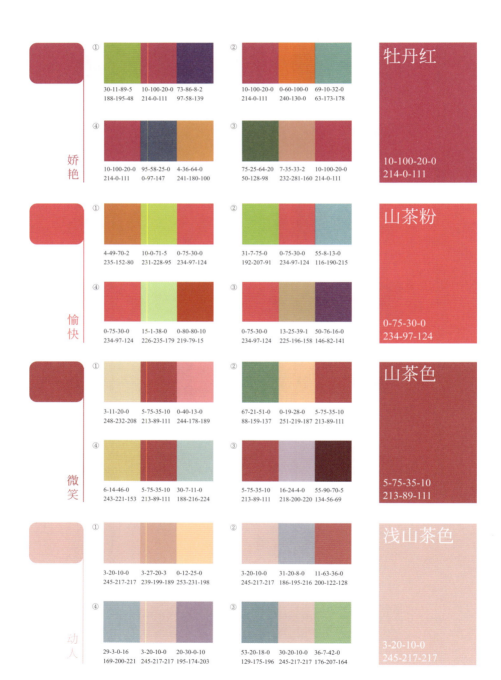

网店视觉设计中的色彩要素 03

●图3-15

网店视觉设计中的色彩要素 03

● 图3-15

● 图3-15 常见的红色配色方案

03 网店视觉设计中的色彩要素

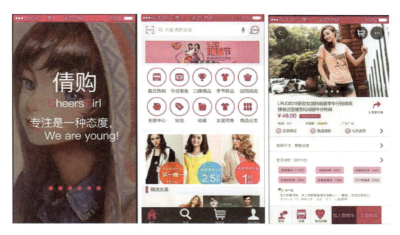

● 图3-16　CHEERSGIRL购物App

3.3.2 橙色系配色

橙色的波长居于红色和黄色之间，橙色是十分活泼的光辉色彩，是暖的色彩。橙色给人以华贵而温暖、兴奋而热烈的感觉，也是令人振奋的颜色，具有健康、富有活力、勇敢自由等象征意义，能给人带来庄严、尊贵、神秘等感觉。

（1）常见的橙色配色方案

橙色能够用来强化视觉，可以通过变换色调营造出不同氛围的典型颜色，它既能表现出青春的活力也能够实现稳重的效果，所以橙色在页面中的使用范围是非常广泛的。

橙色有一种干燥的气氛。

在橙色中混入少量的蓝色，能够形成强烈的对比，有一种紧张的气氛。使用了高亮度橙色的页面通常都会给人一种晴朗新鲜的感觉。

在橙色中混入少量的红，给人以明亮、温暖的感受。

通过将浅黄色、黄色、黄绿色等邻近色与橙色搭配使用，再通过不同明度和纯度的变化得到更为丰富的色阶，通常都能得到非常好的效果。

图3-17所示为常见的橙色配色方案。

（2）适用橙色系的网店设计

橙色和很多食物的颜色类似，例如橙子、面包、油炸类食品，是很容易引起食欲的色彩，以这类食物为主的店铺，橙色是最适合的色彩了。

网店视觉设计中的色彩要素 03

● 图3-17

网店视觉设计中的色彩要素 03

● 图3-17

网店视觉设计中的色彩要素 03

● 图3-17

图3-17 常见的橙色配色方案

网店视觉设计中的色彩要素 03

橙色是积极活跃的色彩，橙色的主色调适用范围较为广泛，除了食品外，家居品、时尚品牌、运动、儿童玩具类的网店都很适合橙色系（图3-18）。

3.3.3 黄色系配色

黄色具有快乐、希望、智慧和轻快的个性，它的明度最高，因此给人留下明亮、辉煌、灿烂、愉快、高贵、柔和的印象，同时又容易引起味觉的条件反射，给人以甜美、香酥感。

（1）常见的黄色配色方案

黄色是在页面配色中使用最为广泛的颜色之一，黄色和其他颜色配合很活泼，有温暖感，具有快乐、希望、智慧和轻快的个性。黄色有着金色的光芒，有希望与功名等象征意义，黄色也代表着土地、权力，并且还具有神秘的宗教色彩。

在黄色中加入少量的蓝色，会使其转化为一种鲜嫩的绿色。其高傲的性格也随之消失，从而趋于一种平和、潮润的感觉。

在黄色中加入少量的红色，则具有明显的橙色感觉，其性格也会从冷漠、高傲转化为一种有分寸感的热情、温暖。

●图3-18　天猫2015年六一儿童节专题页面设计

在黄色中加入少量的黑色，其色感和色性变化最大，成为一种具有明显橄榄绿的复色印象。其色性也变得成熟、随和。

在黄色中加入少量的白色，其色感变得柔和，其性格中的冷漠、高傲被淡化，从而趋于含蓄，易于接近。

图3-19所示是常见的黄色配色方案。

061

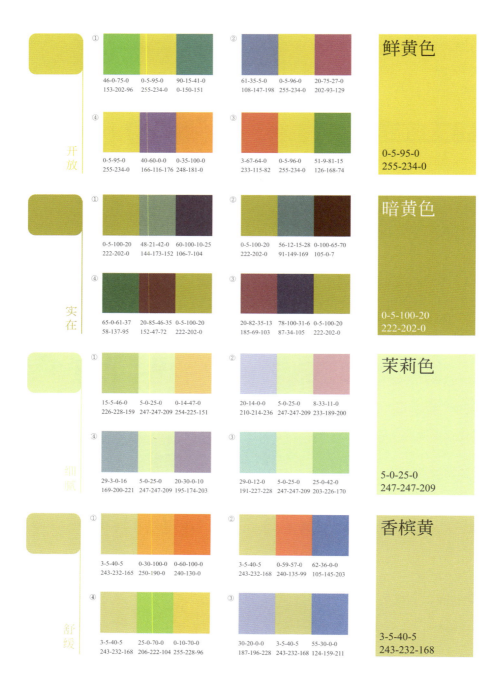

03 网店视觉设计中的色彩要素

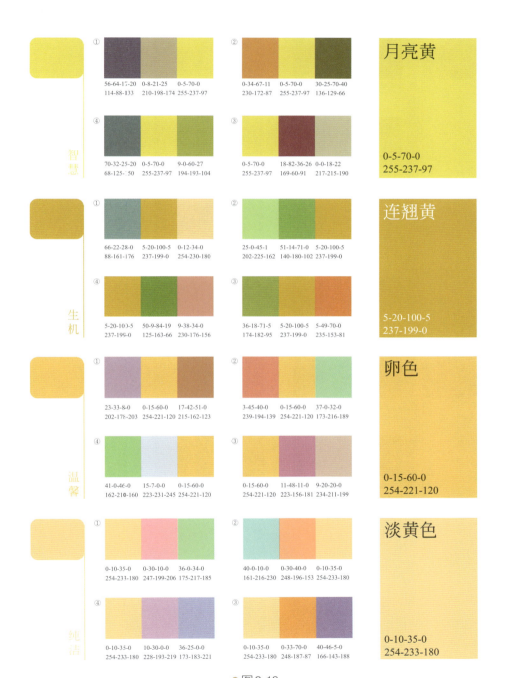

● 图3-19

网店视觉设计中的色彩要素 03

● 图3-19

网店设计看这本就够了（全彩升级版）
Online Store Design

秋风

① 50-0-30-0 / 132-203-191　0-7-50-0 / 255-236-148　24-0-36-0 / 206-228-182
② 0-7-50-0 / 255-236-148　0-20-80-0 / 253-210-62　30-0-77-0 / 194-217-87
④ 31-5-71-0 / 192-210-101　0-7-50-0 / 255-236-148　0-43-86-0 / 245-166-42
③ 0-30-20-0 / 247-198-189　17-19-93-5 / 215-193-16　0-7-50-0 / 255-236-148

秋菊黄
0-7-50-0
255-236-148

奢华

① 40-60-95-35 / 128-86-26　0-20-100-20 / 219-180-0　14-70-62-10 / 201-99-79
② 0-20-100-20 / 219-180-0　62-25-50-0 / 97-156-137　60-70-10-25 / 103-73-128
④ 67-64-25-10 / 99-92-133　25-59-75-11 / 184-116-66　0-20-100-20 / 219-180-0
③ 68-14-27-15 / 64-153-167　0-20-100-20 / 219-180-0　62-10-59-20 / 88-153-112

金色
0-20-100-20
219-180-0

沉着

① 0-30-87-9 / 235-180-34　30-40-100-30 / 151-122-2　89-80-9-0 / 48-66-144
② 64-8-78-9 / 92-166-87　30-40-100-30 / 151-122-2　100-8-43-12 / 0-140-146
④ 30-40-100-30 / 151-122-2　12-32-64-0 / 227-182-103　0-80-18-38 / 170-57-97
③ 12-41-34-0 / 224-168-153　30-40-100-30 / 151-122-2　36-19-89-5 / 175-179-52

黄褐色
30-40-100-30
151-122-2

轻柔

① 14-23-66-29 / 179-157-82　13-13-36-0 / 228-218-174　24-13-4-16 / 180-190-207
② 14-23-66-29 / 179-157-82　7-15-19-3 / 235-218-203　18-53-71-27 / 172-113-63
④ 0-35-40-10 / 231-175-140　14-23-66-29 / 179-157-82　39-17-56-0 / 171-188-130
③ 14-23-66-29 / 179-157-82　53-88-100-0 / 143-63-43　30-36-5-11 / 174-156-168

小麦色
14-23-66-29
179-157-82

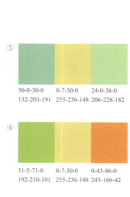
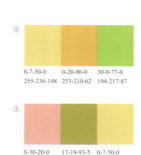

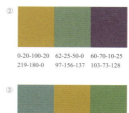
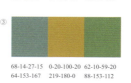

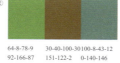

网店视觉设计中的色彩要素 03

● 图3-19

● 图3-19 常见的黄色配色方案

（2）适用黄色系的网店设计

黄色与某些食物的色彩相似，可以用于食品类店铺。另外黄色的明度很高，是活泼欢快的色彩，有智慧、快乐的个性，可以给人甜蜜幸福的感觉。在很多网店设计中，黄都被用来表现喜庆的气氛和富饶的商品，很多高档物品的店铺也适合黄色系，给人一种华丽的感觉（图3-20）。

3.3.4 绿色系配色

绿色介于冷暖两种色彩的中间，具有和睦、宁静、健康、安全的感觉。它和金黄、淡白搭配，可以产生优雅、舒适的气氛。在商业设计中，绿色所传达的是清爽、理想、希望、生长的意象，符合服务业、卫生保健业、教育行业、农业的要求。

（1）常见的绿色配色方案

绿色是一种让人感到舒适并且亲和力很强的色彩，绿色在黄色和蓝色之间，偏向自然美、宁静、生机勃勃、宽容，可与多种颜色搭配而达到和谐，也是页面中使用最为广泛颜色之一。

●图3-20　银泰网早秋新品惠

在绿色中黄的成分较多时，其性格就趋于活泼、友善，具有幼稚性。

在绿色中加入少量的黑色，其性格就趋于庄重、老练、成熟。

在绿色中加入少量的白色，其性格就趋于洁净、清爽、鲜嫩。

常见的绿色配色方案如图3-21所示。

网店设计看这本就够了（全彩升级版）
Online Store Design

① 20-0-60-0 / 3-27-20-3 / 0-12-25-0 217-228-128 / 239-199-189 / 253-231-198	② 20-0-60-0 / 0-16-48-12 / 32-8-42-0 217-228-128 / 233-204-136 / 186-209-164	闪光绿 20-0-60-0 217-228-128
④ 3-21-10-0 / 24-13-4-16 / 20-0-60-0 245-215-215 / 180-190-207 / 217-228-128	③ 48-20-18-0 / 20-0-60-0 / 32-8-42-0 144-180-197 / 217-228-128 / 186-209-164	

春天

① 6-32-68-2 / 5-5-24-0 / 25-0-90-0 236-184-92 / 246-240-206 / 207-220-40	② 25-0-90-0 / 2-35-25-0 / 15-1-38-0 207-220-40 / 243-187-175 / 226-235-179	黄绿色 25-0-90-0 207-220-40
④ 25-0-90-0 / 77-4-40-0 / 25-2-13-0 207-220-40 / 0-172-167 / 200-228-226	③ 3-2-46-9 / 25-0-90-0 / 48-36-70-6 237-230-153 / 207-220-40 / 146-146-91	

初生

① 40-0-80-0 / 0-75-80-0 / 0-25-70-0 170-207-82 / 235-97-51 / 251-202-90	② 40-0-80-0 / 85-0-45-0 / 0-25-42-0 170-207-82 / 0-168-159 / 250-205-153	嫩绿 40-0-80-0 170-207-82
④ 40-0-80-0 / 49-51-6-0 / 0-37-11-7 170-207-82 / 146-129-180 / 235-178-188	③ 43-6-24-0 / 90-0-65-0 / 40-0-80-0 155-204-199 / 0-162-123 / 170-207-82	

轻快

① 60-5-65-5 / 92-34-81-27 / 35-15-92-0 105-178-115 / 0-103-69 / 183-191-44	② 10-35-80-50 / 60-5-65-5 / 10-0-50-20 143-109-33 / 105-178-115 / 205-206-132	春绿色 60-5-65-5 105-178-115
④ 42-7-9-13 / 60-5-65-5 / 6-35-31-3 43-188-207 / 105-178-115 / 227-179-162	③ 60-5-65-5 / 20-0-14-5 / 66-47-80 105-178-115 / 206-228-220 / 100-126-181	

放松

网店视觉设计中的色彩要素 03

● 图3-21

网店视觉设计中的色彩要素 03

● 图3-21

网店设计看这本就够了（全彩升级版）
Online Store Design

骄傲 — 孔雀绿

① 26-20-53-10 / 188-182-126　100-30-60-0 / 0-127-119　42-0-51-37 / 117-155-111
② 100-30-60-0 / 0-127-119　40-28-42-0 / 168-172-150　39-60-100-0 / 172-115-33
④ 100-30-60-0 / 0-127-119　95-86-32-20 / 27-50-103　45-63-40-0 / 157-109-124
③ 100-30-60-0 / 0-127-119　95-60-25-21 / 0-80-126　82-13-8-29 / 0-129-172

主色：100-30-60-0 / 0-127-119

繁荣 — 碧绿

① 20-60-35-20 / 178-108-116　0-49-22-10 / 226-148-155　70-10-50-0 / 66-170-145
② 31-7-75-0 / 192-207-91　70-10-50-0 / 66-170-145　55-8-13-0 / 116-190-215
④ 70-10-50-0 / 66-170-145　15-1-38-0 / 226-235-179　49-20-80-0 / 147-173-81
③ 70-10-50-0 / 66-170-145　13-13-31-0 / 227-218-183　50-70-16-0 / 146-94-147

主色：70-10-50-0 / 66-170-145

优雅 — 灰绿色

① 55-7-45-12 / 112-174-145　7-15-19-3 / 235-218-203　30-36-5-11 / 174-156-188
② 55-7-45-12 / 112-174-145　0-0-23-10 / 239-236-199　0-45-31-10 / 227-155-145
④ 30-15-0-0 / 187-204-233　55-7-45-12 / 112-174-145　25-3-47-0 / 204-222-157
③ 55-7-45-12 / 112-174-145　0-11-54-1 / 254-228-136　29-12-55-0 / 194-204-135

主色：55-7-45-12 / 112-174-145

沉着 — 森林绿

① 0-25-24-20 / 215-180-163　75-10-50-20 / 20-144-126　25-100-34-14 / 131-21-93
② 48-21-8-35 / 106-135-160　21-40-41-59 / 113-87-72　75-10-50-20 / 20-144-126
④ 27-13-72-8 / 190-192-90　91-38-64-31 / 0-96-85　75-10-50-20 / 20-144-126
③ 16-28-59-23 / 185-158-98　74-72-31-6 / 88-80-124　75-10-50-20 / 20-144-126

主色：75-10-50-20 / 20-144-126

074

网店视觉设计中的色彩要素 03

● 图3-21

● 图3-21 常见的绿色配色方案

（2）适用绿色系的网店设计

绿色通常与环保意识有关，也经常被联想到有关健康方面的事物，它本身具有一定的与自然、健康相关的感觉，所以经常用于与自然、健康相关的网店（图3-22）。绿色还经常用于一些生态特产、护肤品、儿童商品或旅游网店。

● 图3-22　韩国Emart购物网站食品banner海报设计

3.3.5 蓝色系配色

蓝色是最具凉爽、清新、专业的色彩。它和白色混合，能体现柔顺、淡雅、浪漫的气氛。蓝色给人以沉稳的感觉，且具有深远、永恒、沉静、博大、理智、诚实、寒冷的意象，同时蓝色还能够表现出和平、淡雅、洁净、可靠的感受等。在商业设计中强调科技、商务的形象，大多选用蓝色当标准色。

（1）常见的蓝色配色方案

蓝色朴实、不张扬，可以衬托那些活跃、具有较强扩张力的色彩，为它们提供一个深远、广博、平静的空间。蓝色还是一种在淡化后仍然能保持较强个性的颜色。

蓝色是冷色系的典型代表，而黄色、红色是暖色系里最典型的代表，冷暖色系对比度大，较为明快，很容易感染带动浏览者的情绪，有很强的视觉冲击力。蓝色是容易获得信任的色彩，蓝色调的网页在互联网上十分常见。

如果在蓝色中分别加入少量的红、黄、黑、橙、白等色，均不会对蓝色的性格产生较明显的影响。

如果在蓝色中黄色的成分较多，则其性格趋于甜美、亮丽、芳香。

在蓝色中混入适量的白色，可使蓝色的知觉趋于焦躁、无力。

图3-23所示是常见的蓝色配色方案。

网店视觉设计中的色彩要素 03

● 图3-23

网店视觉设计中的色彩要素 03

图3-23

网店设计看这本就够了（全彩升级版）
Online Store Design

网店视觉设计中的色彩要素 03

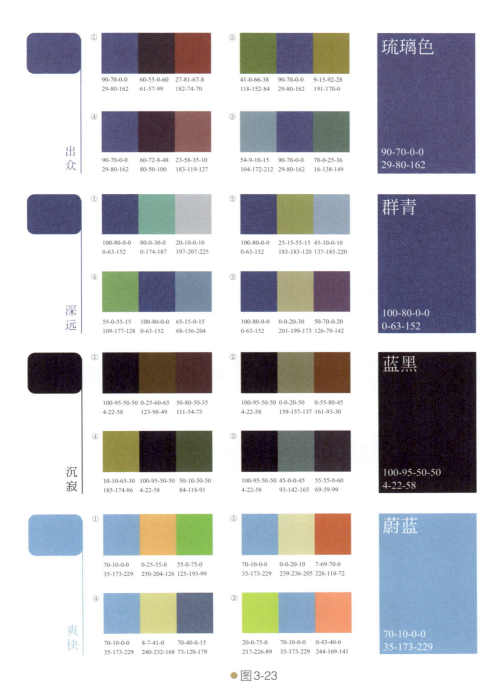

● 图3-23

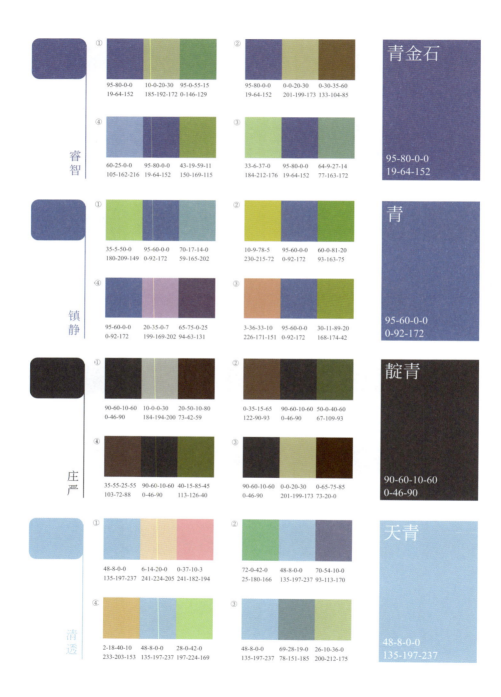

网店视觉设计中的色彩要素 03

● 图3-23

● 图3-23 常见的蓝色配色方案

（2）适用蓝色系的网店设计

深蓝色是沉稳的且较常用的色调，能给人稳重、冷静、严谨、成熟的心理感受。它主要用于营造安稳、可靠、略带有神秘色彩的氛围。蓝色具有智慧、科技的含义，因此数码产品、科技类产品、家电类网店很适合蓝色系。

蓝色很容易使人想起水、海洋、天空等自然界中的事物，因此也常用在旅游类的页面中，如图3-24所示的页面。

●图3-24　发现三亚旅行专题页面设计

3.3.6　紫色系配色

紫色是波长最短的可见光波。紫色是非知觉的色，它美丽而又神秘，给人深刻的印象，它既富有威胁性，又富有鼓舞性。紫色是象征虔诚的色相。

（1）常见的紫色配色方案

紫色与紫红色都是非常女性化的颜色，它给人的感觉通常都是浪漫、柔和、华丽、高贵、优雅，特别是粉红色更是女性化的代表颜色。不同色调的紫色可以营造非常浓郁的女性化气息，而且在灰色的衬托下，紫色可以显示出更大的魅力。高彩度的紫红色可以表现出超凡的华丽，而低彩度的粉红色可以表现出高雅的气质。

在紫色中红的成分较多时，其知觉具有压抑感、威胁感。

在紫色中加入少量的黑色，其感觉就趋于沉闷、伤感、恐怖。

在紫色中加入白色，可使紫色沉闷的性格消失，变得优雅、娇气，并充满女性的魅力。

图3-25所示是常见的紫色配色方案。

● 图3-25

网店视觉设计中的色彩要素 03

● 图3-25

网店视觉设计中的色彩要素 03

● 图3-25 常见的紫色配色方案

（2）适用紫色系的网店设计

紫色通常用于以女性为对象或以艺术品为主的网店。另外紫色是高贵华丽的色彩，很适合表现珍贵、奢华的商品。图3-26所示的网店页面中，低纯度的暗紫色能很好地表达优雅、自重、高品位的感受，紫色的色彩配合时尚的产品，符合该页面主题所要表达的环境，让人容易记住它。

● 图3-26　韩束美妆双11预售天猫店铺首页设计

3.3.7 无色系配色

无彩色是指除了彩色以外的其他颜色，常见的有金、银、黑、白、灰。明度从0变化到100，而彩度很小，接近于0。

（1）常见的无色系配色方案

无彩色配色法是指以黑色、白色、灰色这样的无彩色进行搭配。无彩色为素色，没有彩度，但是若将这些素色进行不同的组合搭配，可以产生韵味不同的、风格各异的效果。无彩色在颜色搭配上比较自由随便，难度不大，总能给人以自然、统一、和谐的气氛。

常见的无色系配色方案如图3-27所示。

● 图3-27

网店视觉设计中的色彩要素 03

图 3-27

网店视觉设计中的色彩要素 03

● 图3-27 常见的无色系配色方案

（2）适用无色系的网店设计

① 白色的网店　白色物理亮度最高，但是给人的感觉却偏冷。作为生活中纸和墙的色彩，白色是最常用的页面背景色，在白色的衬托下，大多数色彩都能取得良好的表现效果。白色给人的感觉是：洁白、明快、纯粹、客观、真理、纯朴、神圣、正义、光明等。

② 灰色系的网店　灰色居于黑与白之间，属于中等明度，灰色是色彩中最被动的色彩，受彩色影响极大，靠邻近的色彩获得生命，灰色靠近鲜艳的暖色，就会显出冷静的品格；若靠近冷色，则变为温和的暖灰色。

灰色在商业设计中，具有柔和、高雅的意象，属中性色彩，男女皆能接受，所以灰色也是永远流行的主要颜色之一。在许多高科技产品中，尤其是和金属材料有关的产品，几乎都采用灰色来传达高级、科技的形象。使用灰色时，大多利用不同的层次变化组合或搭配其他色彩，才不会产生过于平淡、沉闷、呆板、僵硬的感觉。

③ 黑色的网店　黑色是全色相，即饱和度和亮度均为0的无彩色。较暗色是指亮度极暗，接近黑的色彩。这类色彩的属性几乎脱离色相，来自黑色，却比黑色富有表现力。因此，如果能把握好色相，设计师应尽可能地用较暗色取代黑色。

黑色是一种流行的主要颜色，适合和许多色彩做搭配。黑色具有高贵、稳重、庄严、坚毅、科技的意象，许多男装、数码产品类店铺的用色，大多采用黑色与灰色，另外黑色也常用在音乐网店中。

04 网店视觉设计中的文字要素

04 网店视觉设计中的文字要素

在网店装修画面中，文字的表现与商品展示同等重要，它可以对商品、活动、服务等信息进行及时的说明和指引，并且通过合理的设计和编排，让信息的传递更加准确。

4.1 文字的编排准则

众所周知，在网店装修中添加必须的文字信息除了传递出文字本身的含义以外，还要让画面布局变得有条理，同时提高整体内容的表述力，从而利于顾客进行有效地阅读以及接收其主题信息。在实际的创作过程中，不仅需要考虑整体编排的规整性，同时还要适当地加入带有装饰性的设计元素，以提升画面的美观性，让文字编排更具设计感。

在文字的编排设计中，为了使创作出来的网店装修画面能够达到理想中的视觉效果，应当对文字的编排准则进行深入的了解。根据排列要求的不同，可将编排准则归纳为3个部分：其一是文字描述的准确性；其二是段落排列的易读性；其三则是整齐布局的审美性。

4.1.1 准确性

在网店装修设计中，编排文字的准确性不仅指文字所表述的信息要达到主题内容的要求，同时还要求整体排列风格要符合设计对象的形象。只有当文字内容与排列样式都达到画面主题的标准时，才能保证版面文字能够准确无误地传达信息（图4-1）。

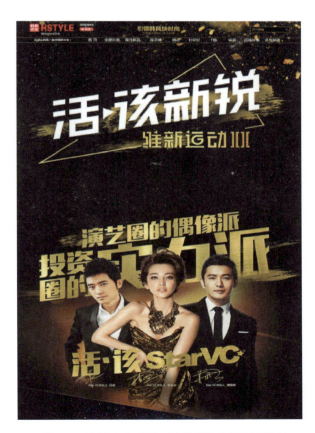

●图4-1 韩都衣舍"活·该新锐"专题页面设计

101

4.1.2 易读性

编排的易读性是指通过特定的排列方式，使文字能在阅读上给顾客带来顺遂、流畅的感觉。在网店的装修画面设计中，可以通过多种方式来增强文字的易读性，如宽松的文字间隔、设置大号字体、多种不同字体进行对比阅读等，这些做法都能让段落文字之间产生一定的差异，使得文字的信息主次清晰，让顾客容易抓住信息的重点（图4-2）。

在网店装修的文字设计中，文字的编排方式是多种多样的，而且不同的排列样式所带来的视觉效果也是不同的，根据设计的需要选择合理的编排方式，有助于整体信息的传达。需要注意的是，在进行文字的编排时，还应考虑它本身的结构特点以及段落文字的数量，例如当文字的数量过多并且均属于小号字体时，就可以采用首字突出来提升整段文字的注目度。

● 图4-2　易迅网电器banner设计

4.1.3 审美性

审美性是指文字编排在视觉上的美观度，美感是所有设计工作中必不可少的重要因素，网店设计要借用事物的美感来打动顾客，使其对画面中的信息和商品产生兴趣。为了满足编排设计的审美性，一般会对字体本身添加一些带有艺术性的设计元素，以从结构上增添它的美感（图4-3）。

网店视觉设计中的文字要素 04

● 图 4-3　人物搭配文字 banner 设计

4.2　常见的字体风格

  字体风格形式多变，如何利用文字进行有效的设计与运用，是把握字体使用最为关键的问题。当对文字的风格与表现手法有了详尽的了解后，便能有助于进行字体设计。常见的字体有多种外形，有线形的、手写的、花饰的、规整的等，不同的字体可以表现出不同的风格，在网店装修中的应用也是不同的，接下来就对几种比较常见的字体进行分析。

4.2.1 线形

线形的字体是指文字的笔画每个部分的宽窄都相当，表现出一种简洁、明快的感觉（图4-4）。这种形式在网店装修设计中较为常用，常用的线形的字体有"方正细圆简体""幼圆"等。

● 图4-4　SSG超市网站banner设计

4.2.2 书法

书法是中国独有的一种传统艺术，字体外形自由、流畅，且富有变化，笔画间会显示出洒脱和力道，是一种传神的精神境界。在网店装修的过程中，为了迎合活动的主题，或者是配合商品的风格，很多时候使用书法字体可以让画面中文字的外形设计感增强，表现出独特的韵味（图4-5）。

网店视觉设计中的文字要素 04

● 图4-5　新农哥中秋节食品专题

4.2.3 手写体

手写体，顾名思义，就是指手写风格的字体，手写体的形式因人而异，带有较为强烈的个人色彩。在网店装修中使用手写体，可以表现出一种不可模仿的随意和不受局限的自由性，有时为了迎合画面整个的设计风格，适当地使用手写体可以让店铺的风格表现更加淋漓尽致（图4-6）。但是手写体在设计中最好与其他字体搭配使用，大段文字使用手写体，容易产生视觉上的审美疲劳。

● 图4-6　artmi旗舰店页面设计

手写体也会因为题材的不同而不同，例如在表现儿童的天真、活泼时，带有童趣色彩的文字最合适不过，利用色彩鲜艳且笔画逗趣的文字，可以表现出可爱的个性特征，也让画面显得更加轻松。

4.2.4 规整

利用标准、整齐外形的字体，可以表现出一种规整的感觉，这样的字体也是网店装修中较为常用的字体，它能够准确、直观地传递出商品或店铺的信息。在网店的版面构成中，利用规整的文字，通过调整字体间的排列间隔，结合不同长短的文字可以很好地表现出画面的节奏感，给人大气、端正的印象（图4-7）。

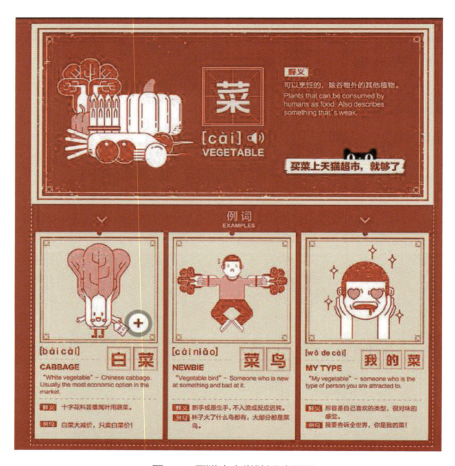

● 图4-7 天猫中文学院活动页面

网店视觉设计中的文字要素 04

除了上述介绍的几种较为常用的字体以外，还有图形文字、花式文字、意象文字等，它们的外形都有各自的特点，且风格迥异。不论什么外形的字体，在进行网店装修的过程中，只要与画面的风格或者想要表达的意境相同，就能获得满意的视觉效果，同时传递出文字本身所具有的准确的信息。

4.2.5 艺术

艺术字体，是把一个传统的字体做创意性、特殊化的美化与修饰，这种艺术就是字体艺术。艺术字体是字体艺术中最有代表意义的一种新型装饰，常用于表现产品属性和企业经营性质。它运用夸张、明暗、增减笔画形象、装饰等手法，以丰富的想象力，重新构成字形，既加强了文字的特征，又丰富了标准字体的内涵（图4-8）。

艺术字体有以下设计原则。

① 易识别性　文字的主要功能是向人们传达信息，因此，易识别性是字体设计的首要原则，设计时要避免文字杂乱、模糊，切忌为了设计而设计。

● 图4-8　秘密花园彩铅绘本活动页面

② 独创性　设计的根本在于创造，根据作品的主题要求，创造独具特色的字体，给人与众不同的视觉享受，这有利于设计信息的传递、意图的表达。

③ 内容形式统一　文字设计要服务于文字内涵的传达，符合整体所要表现的氛围，如端庄秀丽、简洁现代、深沉厚重、欢快轻盈等风格特征。与整个作品相协调的设计才算是好的字体设计。

④ 具有画面美感　文字作为画面的形象要素之一，要让人看到后在视觉上产生美的感觉。比例适当、组合巧妙的文字能给人留下良好的印象。

4.3　运用合理的分割来进行文字布局

在网店装修设计的过程中，为了把握好商品或者模特图片与文字的搭配效果，可以运用分割的方式来对图文要素进行合理的规划，并使它们之间的关系得到有效协调。根据切割走向的不同，可将这种编排手法划分为垂直与水平分割两种，其具体的特点如下。

4.3.1　垂直分割

通过垂直切割将版面分成左右两个部分，把商品或模特图片与文字分别排列在版面的左边与右边，从而形成左图右文的排列形式（图4-9）。相较于文字来讲，图片拥有更强的视觉感染力，这种排列方式在很大程度上能够使版面产生由左至右的视觉流程，而此流程正好与人们的阅读习惯相符。因此左图右文的排列形式在结构上带给观者一种顺遂、流畅的感受。

●图4-9　朗文斯汀女装服饰banner海报设计

4.3.2 水平分割

与左图右文相反,左文右图将文字放在画面的左侧,把商品或者模特的图片放在右侧(图4-10)。在实际的创作设计中,借助图片的视觉吸引力,使画面产生由右至左的视觉流程,由于该视觉流程与观者的阅读习惯恰好相反,因此左文右图的编排形式能够在视觉上给人带来一种新奇的感觉,而这种排列方式也是网店装修的首页海报中非常常用的一种方式。

● 图4-10　Emart生鲜购物网站 banner设计

05 网店视觉设计中的图像要素

05 网店视觉设计中的图像要素

很多人访问购物网站的习惯是先看图片后看文字,这是因为图片对眼球的吸引力远远大于文字,因此想要做个出色的购物网站,必定需要大量出色的图片,包括如何让访问者通过图片了解产品的特点与性质。

另外,网店平面设计中最重要的元素也是图形图像,图形图像元素的应用可以使商品信息更为直观地展现给消费者,使网店页面更加丰富、美观、有趣味,比文字更形象、更具体且无需翻译,即使不同国家、民族以及文化层次不同的人都能看懂图形图像的意义,所以,人们常常把图形图像比喻为"世界语言"。

5.1 图像展示商品的方法

网店中的商品图像通常有两种展示商品的方法:常规展示商品法和细节展示商品法。

5.1.1 常规展示商品法

在网店图像设计中,常规展示商品的方法是将产品或主题直接以图像的形式展示,充分运用摄影的技巧,着力体现商品的形态、功能、用途等,给浏览者身临其境的观感,使浏览者产生亲切感和信任感(图5-1)。

● 图5-1　番茄农庄在线商店商品展示

5.1.2 细节展示商品法

细节展示商品法是以独特的摄影手法，对商品的一个局部进行放大展示，以更充分地展示商品的细节特点和品质，具有无限的表现力（图5-2）。后文将重点介绍图像展示。

● 图5-2　飘零大叔肉松饼食品详情页设计

5.2 图像的分类

总体来说，网店的图像主要有广告图、产品主图、实拍图等。下面依次介绍如何打造和美化这些图片。

5.2.1 广告图

一个网店的广告图是为网店的推广服务的，一般都包括产品海报、焦点图、促销海报、钻展、直通车图片。做好了这些图，商家的推广费从此不再打水漂。要做好一张广告图首先要主题明确，不要出现多个主题的现象；其次风格切忌挂羊头卖狗肉，简单地说就是要表里如一；再次构图忌讳的是整齐划一、主次不分、中规中矩；最后就是细节，细节决定成败，一切的效果都要在细节中实现（图5-3）。

05 网店视觉设计中的图像要素

● 图5-3 Escada evening dresses购物网站广告图设计

5.2.2 产品主图

一张好的宝贝主图能决定客户的购买欲望（图5-4）。设计优美的主图能给卖家带来一定的流量和转化率。

● 图5-4 BLACK OPTICAL购物网站商品主图设计

113

5.2.3 实拍图

面对实拍图买家会有这样的要求：图片要是实物拍摄图；细节图要清楚展示；颜色不能失真，要有色彩说明；图片打开的速度不能太慢；图片要清楚等。这些问题都是买家平时关注的。卖家在展示产品实拍图时要关注买家的需求（图5-5）。

● 图5-5　HARRY'S购物网站商品实拍图设计

06 网店视觉设计中的版式要素

运营网上店铺时,为了提高销售业绩,需要制作美观、适合商品的页面,利用图片或者文字说明等组成要素,通过将其美观地进行布局而更引人注目,并且由此提升顾客的购买率。将商品页面的组成要素进行合理的排布,以达到吸引顾客的目的就是装修设计的版式布局。

6.1 版式视觉流程

网店装修版式布局中的视觉流程,就是通过布局对顾客的视觉进行引导,指导观者的视线关注范围和方位,这些都可以通过页面视觉流程的规划来实现。版式布局的视觉流程主要分为单向型的版面指向和曲线型的版面指向。

6.1.1 单向型的版面指向

作为视觉传达设计的重要元素,为了使视觉流程能够将信息在有安排的情况下一一地传达给顾客,单向型的视觉流程必不可少。通过竖向、横向、斜向的引导,能够使顾客更加明确地了解网店中的内容(图6-1)。

使用竖向视觉流程设计的画面,可以产生稳定感,条理显示更清晰;使用横向视觉流程设计的画面,符合人们的阅读习惯,有一种条理性较强的感觉;使用斜线视觉流程设计的画面,可以让画面产生强烈的动感,增强视觉吸引力。

6.1.2 曲线型的版面指向

在版式布局的视觉流程中,要想给人一种曲折迂回的视觉感受,就需要运用到曲线型视觉流程。所谓的曲线型视觉流程,指的是画面的所有设计要素按照曲线或者回旋线的变化排列。

S形的曲线引导是网店装修设计画面中最为常用的一种版式视觉流程,将版面按照S形曲线流程进行编排的时候,不但可以产生一定的韵律感,而且还会给整个设计的画面带来一种隐藏内在的力量,容易让版面的上下或者左右平衡,也会让画面的视觉空间效果更加灵动。曲线型的视觉流程很容易形成视觉上的牵引力,让顾客的视线随着曲线进行移动,引导阅读的效果明显(图6-2)。

06 网店视觉设计中的版式要素

● 图6-1 CRZ潮牌女装品牌专题页面设计

● 图6-2 蜂蜜洗面奶产品专题页面设计

6.2 版式设计的形式美法则

版式设计的形式美法则是创作画面美感的基本准则，它虽然不是美的唯一标准，却能帮助初学者很快掌握设计要领，从而设计出优秀的网店装修页面。形式美法则没有固定的章法可循，主要靠设计师的灵活运用与搭配。只有在大量的设计实践中熟练运用，才能真正理解和掌握版式布局设计的形式美法则，并善于运用，创作出优秀的网店装修作品。

6.2.1 对称与均衡

对称与均衡是统一的，都是让顾客在浏览店铺信息的过程中求得心理上的稳定感。对称与均衡是指画面中心两边或四周的视觉元素具有相同的数量而形成画面均衡感。在对称与均衡中，采用等形不等量或等量不等形的手法组织画面内容，会使画面更加耐人寻味，增强细节上的趣味性（图6-3）。

● 图6-3　韩国POPL清新购物网站设计

6.2.2 节奏与韵律

节奏是有规律的重复，对于版面来说，只要在组织上合乎某种规律并具有一定的节奏感，就是有韵律。节奏的重复使组成节奏的各个元素都能够得到体现。韵律是通过节奏的变化来产生的，设计网店的画面中，合理运用节奏与韵律，就能将复杂的信息以轻松、优雅的形式表现出来（图6-4）。

● 图6-4　熙世界女装海报设计

6.2.3 对比与调和

　　对比与调和看似是一对矛盾的综合体，实质上是相辅相成的统一体。其实在很多的网店装修页面设计中，各种设计元素都存在着相互对比的关系，为了寻求视觉和心理上的平衡，设计师往往会在对比中寻找能够相互协调的因素，也就是说在对比中寻求调和，让画面在富有变化的同时，又有和谐的审美情趣（图6-5）。

对比是差异性的强调，对比的因素存在于相同或者相异性质之间，也就是把具有对比性的两个设计元素相比较，产生大小、明暗和粗细等对比关系。

6.2.4 虚实与留白

虚实和留白是版式设计中重要的视觉传达手段之一，采用虚实与留白的方式将画面的主体部分烘托出来，能使版面层次更加的清晰，同时也能使版面更具层次感，主次分明（图6-6）。

为了强调主体，可将主体以外的部分进行虚化处理，用模糊的背景将主体突出，使主体更加的明确，但是在网店设计中，通常会采用降低不透明度的方式来进行创作。所谓留白，是指在画面中巧妙留出空白区域，赋予画面更多的空间感，令人产生丰富的想象。

● 图6-5 贝贝母婴1.5周年庆banner设计

● 图6-6 韩都衣舍十周年庆页面设计

6.3 对齐方式

版式布局的好坏决定阅读的效果。总得来说，版式布局的对齐方式有很多种，关键在于如何将文字与图片进行协调，使其展示出美观的视觉效果，让信息得到有效的传达。常用的版式布局的对齐方式有左对齐、右对齐、居中对齐和组合对齐，各自具体的特点如下。

6.3.1 左对齐

左对齐的排列方式有松有紧、有虚有实，具有节奏感。行首会自然地产生一条垂直线，显得很整齐。在图6-7所示的梅西百货（Macy's）网上商城中，文字采用了左对齐的方式，让版面整体具有很强的节奏感。

● 图6-7　梅西百货（Macy's）网上商城商品列表

6.3.2 右对齐

右对齐的排列方式恰好与左对齐相反，其具有很强的视觉性，适合表现一些特殊的画面效果。图6-8所示为图片和文字使用右对齐排列的设计效果，整个画面的视觉中心向右偏移，让人们的阅读习惯产生新鲜感，显得新而有趣，从而提高了顾客的兴趣。

●图6-8　意大利典雅时尚男装商店网页设计

6.3.3 居中对齐

让设计元素以中心为轴线对齐的方式叫作居中对齐，这种对齐方式可以让观者视线更加集中、突出，具有庄重、优雅的感觉。在图6-9所示的分类栏的设计中，文字居中对齐，图片半包围着文字，给人带来视觉上的平衡感。

06 网店视觉设计中的版式要素

● 图6-9 聚美优品欢迎页设计

6.3.4 组合对齐

在网店装修的过程中,通常会将两种或者两种以上的对齐方式组合在一起使用,这种版式一般表现较为轻松(图6-10)。

6.4 常用的布局形式

网店的版式布局是可以根据店家装修风格进行变化的,不同的布局会给顾客不同的印象,也会突显出不同的主次关系,接下来就对网店首页装修图片常用的八种布局进行讲解。

● 图6-10 歌力思旗舰店女装店铺首页设计

6.4.1 展示形象

图6-11所示的布局是将店招和导航设计为宽幅的效果，而将欢迎模块设计为标准的尺寸大小，由此来迎合下方的信息内容。应用这样的版式要注意背景的设计，尽量使用纯色和浅色底纹的图案，避免造成喧宾夺主的效果。

网店首页的下方使用大小相同的海报来对单个商品进行展示，让整个版式体现出强烈的秩序感，能够将各个商品的展示进行平衡，但缺点是所能呈现的信息量有限，且较为单一，因此要注意对整体色彩和风格的把握。

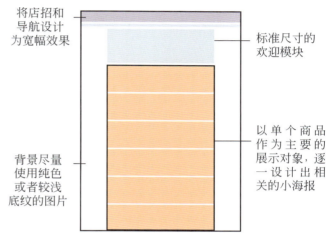

● 图6-11 展示形象的布局

6.4.2 分组清晰

在图6-12所示的网店首页布局中，将店招、导航和欢迎模块都设计为宽幅的画面效果，可以扩展顾客的视野，给人广阔的视觉感。

在网店首页的其他区域中，通过使用标题栏对每组不同类型的商品进行分组，给人一种整齐利落的感觉，并且可以简单、正确地表达相关的商品信息，使整个版式显得更具条理。在分组中适当添加客服区，有提示作用，但是不能影响整体的布局。适当地运用留白和分割，能够让整个版式给

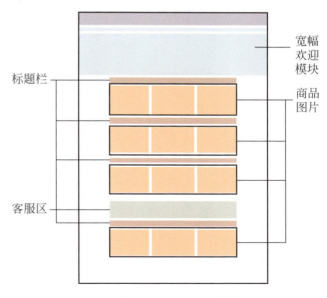

● 图6-12 分组清晰的布局

人一种视觉上的舒适感，表现出清晰的分组效果。

6.4.3 集中视觉

在图6-13所示的网店首页的布局设计中，使用九宫格的布局方式对商品图片进行展示，将众多的商品一次性、等大地展示在顾客的面前，能够有效地表现出各个商品的形象，使顾客的视觉能够将画面在短时间内形成一个整体，从而形成一种统一感，把浏览者的注意力集中到画面上。

除此之外，此图还通过标题栏模块来让商品的信息分类更加清晰，并且通过小海报精致地展示出具有代表性的商品，有画龙点睛的作用。

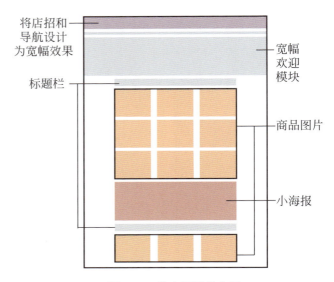

● 图6-13 集中视觉的布局

6.4.4 引导视线

图6-14所示的网店首页的布局，在设计中将文字信息与商品的图片进行对角线排列，形成S形效果，表达出一种自由奔放的感觉，并成功地营造出视觉上的动态感，能够让顾客的视线随着

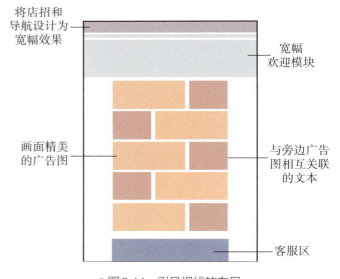

● 图6-14 引导视线的布局

网店视觉设计中的版式要素 06

商品或者文字的走向进行自由的移动，看上去比较清爽利落。

在首页的底端，添加上客服区，对版式起着一种总结和收尾的作用，同时增添了布局的实用性，让顾客能够及时地询问客服，从而提升了网店装修和布局的魅力。

6.4.5 注重搭配

图6-15所示的网店首页的布局将店招、导航和欢迎模块都设计为宽幅的效果，值得注意的是，该布局中没有标题栏，而是将相关的商品进行有创意的、合理的搭配，组合在一个画面中，形成一个完整的效果。这样的设计对店铺中商品的种类要求较高。

此外，这种布局在首页中还添加了活动展示区和客服区，并把两个搭配区域分割开，这样的版式和内容的设计让网店中的信息更具节奏感，让每组信息都能很好地展示出来，不会增加顾客阅读的负担。

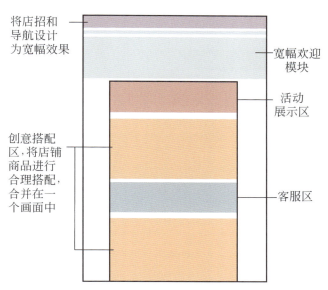

● 图6-15 注重搭配的布局

6.4.6 信息丰富

在图6-16所示的网店首页布局中，包含了小海报、优惠券、标题栏、商品图片和客服区，它将首页中能够放置的信

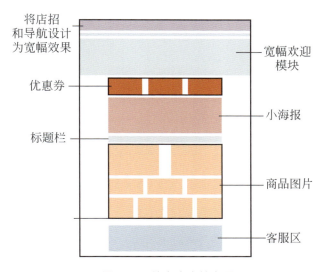

● 图6-16 信息丰富的布局

127

息基本都合理地堆砌到了一起，使整个首页的信息相当丰富。对每个模块的大小进行观察，可以发现该布局是利用大小来营造出画面信息主次关系的。

布局中最大的亮点就是"商品图片"区域中的设计，它利用递增的方式添加每行的商品数量，让顾客感受到商品的丰富，更加易于顾客接受，表现出一种安静而稳定的视觉感受。

6.4.7 对称页面

通过对图6-17所示的网店首页进行观察，可以看到该布局的画面是左右对称的效果，体现出一种安静、稳定的氛围。这样的布局在运用的过程中，要特别注意设计图片的色彩搭配和信息的分量，尽量让整个画面形成和谐、统一的感觉，避免形成轻重不一的视觉效果。

图6-17的布局效果所包含的信息也非常的丰富，为了避免画面呆板，在设计中可以适当地添加修饰元素，丰富画面内容，避免完全对称而给人一种单一的感觉。

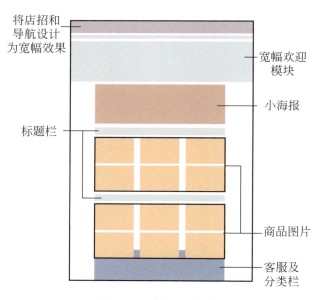

● 图6-17 对称页面的布局

6.4.8 金字塔型

在图6-18所示的网店首页布局中，将广告商品在小海报中呈现出来，利用递增的方式对推荐商品区的图片进行设计。同理，活动商品区的图片更多，由此逐一增加模块数量的方式打造出类似金字塔的布局效果，由于都是两组信息进行同时变化，给人一种自然的过渡效果，更加利于顾客的感官承受，能够给浏览者留下深刻的印象。

这样的布局想要体现出和谐、统一的感觉，可以从画面的背景和修饰元素的添加上多下功夫，自然而然地表现出陈列商品的主次感。

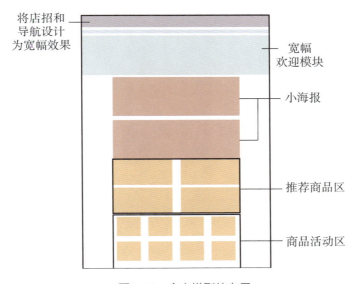

● 图6-18　金字塔型的布局

07
网店核心功能区块的设计

7.1 导航设计

伴随着互联网的成长,通过电子商务网站实现商品交易越来越频繁,而访客在面对越来越庞大的信息量时会感到迷茫,因此,优秀的导航设计能够提高网站的易用性,对实现电子商务网站的高效运作具有实际意义。

7.1.1 首页导航

电子商务网站的首页导航设计必须本着用户体验为佳的原则,既要将网站中的所有信息都在有限的导航栏中体现,又要为用户反馈出重要的帮助信息。首页导航设计在电子商务网站设计中日渐凸显出举足轻重的地位。

(1) 符合网站内容结构

在设计电商网站的导航之前,事先应该对网站整体的内容有一个全面的了解,并且将网站内容进行归类。这里涉及的一个问题就是,不需把所有的板块都在导航上一五一十地展现出来。电商网站普遍有两个导航,分别是网站头部的总导航和侧边的分类导航。一般来说,总导航会比较笼统地展示网站商品,而分类导航则会比较详细。总导航的内容过多无论在体验上还是视觉上,都会有给人拖泥带水的感觉。如图7-1的案例,当当网的总导航分类就显得比较复杂琐碎。

● 图7-1 当当网的总导航

另一方面,导航中显示的内容应该与网站内容是紧密相关的,这也体现了导航与内容的匹配度。这其中牵涉到导航中或导航周围出现的广告,正如当当网案例所示,导航周边融入一些广告无可厚非,运用得恰当不仅不会遭到用户的反感,相反还能提升用户的满意度,但需要注意的是应该尽量避免与本站内容无关,并且广告成分过于明显的一些内容,过量的无关内容势必会让用户感觉在购物时受到干扰。

(2) 结合网站业务目标

首页中的导航就是网站当下情况的一个缩影,用户通过导航就能大概地了解到网站销售哪些商品。因此,导航很有必要随着网站主营商品的变更,或是根据商品销量而变化,让呈现在用户面前的导航始终与网站本身内容以及时下热门很贴合。在电商网站的运营过程中，许多问题会逐渐地浮现出来，所以网站改版也是无法避免的过程之一，但在改版之前，应该先列出所有的问题，再思考这些改动能否真正解决问题（图7-2和图7-3）。

● 图7-2 改版前的唯品会网站导航

● 图7-3 改版后的唯品会网站导航

设计师在不同项目的设计过程中，单从过程来说基本上大同小异，但至关重要的是，每一次网站设计会根据客户不同的业务需求而产生不同的设计目标，当设计师心中一旦有了这个目标，就应该时刻提醒自己，这次设计无论多么花哨或是简单，都必须把这一目标完完整整地体现出来。唯品会在目标的体现上还是比较明显的,把自家主营的商品栏目种类,包括近期的活动用最清楚的方式展现出来,从而有效地减少了用户思考的时间,让用户在最短的时间内为自己的点击做出决定。

(3)遵从用户使用习惯

根据用户的使用体验和感受来设计网站是必然的,但往往有很多设计师会用周围同事的意见代替大部分用户的意见,这一点是非常不可取的。在做导航设计的时候,设计师应该把使用对象都看成是新用户或是没有耐心的用户,尤其是电商网站,在第一时间就要满足用户的需求,尽量削弱导航的学习性,如鼠标悬停的分类打开方式就可以很大程度上降低用户的学习成本(图7-4)。

● 图7-4 亚马逊网站导航

用户在页面停留的时间都是按秒来计算的,因此,导航必须一目了然,让用户产生依赖感。这里还要说一点,当网站决定改版的时候,导航尽量不要做很大的改变,因为导航是整个网站中比较重要的组成部分,也是用户相对比较依赖的一个模块,一旦导航有了很大的变化,会让用户在无形中产生一种陌生感和距离感,新的技术最好只用在无关痛痒的地方。

关于用户体验，这里还有小细节可以和大家分享。当用户的鼠标从一级导航移动到二级导航的瞬间，有时会因为移动角度和时间上的偏差，无意悬停到下面的一级分类中。虽然只是一个不经意的小细节，但这会让一些不耐心的用户非常恼火。根据Any For Web的初步调查，目前市面上比较主流的电商网站在这一点上都做得比较合格。

另外，亚马逊的网站过于"简洁"，导航的底色与网页底色，以及导航的字体与网页的字体都过于相近，这在查看的某一瞬间会造成用户的视觉混淆（图7-5）。

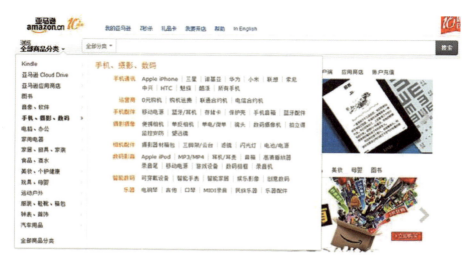

● 图7-5 亚马逊的网站导航与网页的对比

（4）避免重复的分类

上文中已经提到，在导航的设计过程中首先要对网站的整体运营内容有一个全面的了解，了解之后才能拟定出具体的板块，而首页导航的作用就是将这些板块做出详细的分类，在清楚导航的目的和重要性之后，把类似的板块拼凑在一起，形成一个整体，这也就是主导航了。在主导航的左下或右下方会有一个比较全面完整的分类导航，通常称之为局部导航。在一些较为知名的电商网站中，局部导航的使用率可能更高于主导航，这两者之间其实有一种微妙的递进关系，要尽量避免内容重复。

无论是文字还是图片，重复性的内容会很容易让用户产生倦怠感。如图7-6的天猫案例所示，"医药保健"和"医药馆"在词义上很相近，而且点击后的确进入了同一个页面，这样的重复性内容会明显降低有针对性需求的用户的购物体验。

网店核心功能区块的设计　07

● 图7-6　天猫网站的导航内容重复

● 图7-7　网站上会增加用户理解难度的缩写

(5)使用合适的文案

为了迎合用户在导航上只愿意停留短短的几秒钟,导航文字内容的可用性就变得至关重要。文字标签是传达信息最有力的途径,因此,导航中出现的文案应该避免使用一些用户很难理解的词汇,如专业术语、缩写和个性化语言等。其中最常见的就是缩写,很多电商网站会由于排版美观,或是文字长度上的限制而选用缩写,从而牺牲用户体验,增加了用户对导航的理解难度(图7-7)。

在电商网站导航中,文案的首要任务就是让每个用户都能准确快速地理解相关信息。理所当然地花费许多时间一味地专注于视觉美学,这是几乎所有设计师的通病,但这一通病在导航设计中却成了致命伤。清晰明了的表达是美观的前提,任何交互项目的最佳状态就是实现透明化。

(6)清晰的视觉体验

从视觉角度上来说,由于用户只用几秒钟的时间扫视网站,所以导航的视觉设计必须符合逻辑,用色彩给用户提供一种指引,成为用户点击的向导。可点击的部分尽可能地明显一些,减少用户对其的猜测。在色彩的使用上应避免大片亮色,这会间接地降低导航文字的可识别度。与此同时,电商网站面向的是所有的消费者,因此,在导航与导航文字内容的色彩搭配上也要考虑到一些色彩障碍者。

● 图7-8 京东网站导航的视觉体验

07 网店核心功能区块的设计

如图7-8所示，京东的网站在这一点上做得还是比较好的，每一个层级的导航颜色由深及浅，让用户有一种循序渐进的感觉。整个导航区域的色彩搭配也很恰当，无论鼠标悬停在任何地方，所在的位置都能反映出一个比较舒适的页面。

（7）为用户提供反馈

当用户对导航中的某一个元素有了动作之后，导航项都应该对此做出相应的回馈，如当用户在分类导航上悬停或是点击某些文字内容后，文字应该做出一些改变，可以是字体的大小、颜色的变化，或是任何其他合适的效果。关于这一点，国内的大部分电商网站都做得比较到位。

● 图7-9　1号店的网站导航

如图7-9所示，1号店的二级导航就有很恰当的反馈信息，一整个选中的板块都被不刺眼的色彩所填充了，让用户很清楚地知道自己目前所在的位置。而展开的三级导航选中后的颜色就与其原本标出的热门商品的字体颜色有些重复，比较容易混淆。

（8）导航符合网站整体风格

导航与网站整体风格的搭配要区分为视觉和内容两个部分。在视觉上，大多数网站基本不会出现大问题，因为所有的设计师都懂得导航基本上占据了整个页面的主视觉这个道理，电商首页中只有导航既需要迎合网站的整体又同时主导着网站风格。从内容上来说，导航的内容与网站的点击量，甚至商品销量都有着密切的关系。一旦用户无法通过导航找到自己想要的商品，就意味着商家丢失了一位客户。而如果能在导航中推荐一些商品给用户，也许能促进网站商品的销售（图7-10）。

导航要符合网站整体的风格可以精确到每一个小细节，甚至于任何的线框字体。这样做的目的主要是减少用户的页面跳跃感，尽量避免用户因为页面跳转的原因而产生的思考和反应。同时，这对网站的整体美观程度也有一定的好处。

● 图7-10　UNIQLO网站导航

● 图7-11　拍拍的导航

（9）利于搜索引擎优化

搜索引擎的优化是几乎所有初创电商都会选择的推广方式，而电商导航是电商网站最主要的入口，基于此，在目前的市场上有很多栏目的导航并不利于搜索引擎的抓取。在内容的设置上，应该将主要内容一目了然地展现出来，这样的设计不仅利于用户查看，也让搜索引擎蜘蛛能顺着导航目录层层深入。所以，在导航栏中尽量使用文本，减少用户思考时间的同时利于搜索引擎的优化，按钮和图片会阻碍到搜索引擎的访问和抓取。

如图7-11所示，拍拍的导航相对于同类网站就显得特别简洁。主导航上只有几个主要的模块，既让用户能快速地了解到网站的主营项目，也有利于搜索引擎的优化。

（10）趋于专业化的导航

商业化和专业化对B2B电子商务网站尤为重要。时下有很多电商网站的导航看起来比较凌乱，在色调和布局上也过于幼稚，这样的导航会让用户对整个网站的风格基调产生截然不同的看法。如果电商网站需要体现出严肃简洁的特点，就应该尽量避免过多的运动效果。作为导航栏，拥有比其他标题栏更高的高度、更大的加粗字体是个不错的选择，但一旦过度反而会看起来不够精致。

如图7-12所示，乐蜂网虽然是一个偏向女性化的网站，但单看导航还是比较专业的。没有过多的色彩，使用的颜色和字体也都趋于商务化，分类也尽可能地减少，这样的风格带给用户最直接的就是正规正统，能在一定程度上增加用户对网站的信任感。

●图7-12　乐蜂网的导航

但是电子商务网站的导航设计也不能一概而论，不同的网站类型有不同的设计侧重点。

比如，亚马逊等综合类电商网站的商品数量众多，4000万商品和4000个商品的导航设计一定会有很大的区别。可以看到，淘宝网最初的一级导航是按照用户人群区分的，而如今，不仅扩大了搜索框，一级导航也以功能作为划分点。

垂直类电商的用户对商品更有目标性，所以在导航的设计上往往需要按照自己的业务逻辑来进行科学分类索引，比如京东和1号店的商品种类划分。

还有一种类型就是由传统企业转型而来的电子商务，这类电商网站的营销通常以单个品牌为主。例如优衣库，由于分类和数量都很少，因此除了传统的科学分类索引以外，首页的单品推荐也对单个商品的营销非常有效。

电子商务网站的导航设计还是应该本着用户体验为佳的原则，既要将网站中的所有信息都在有限的导航栏中体现，又要为用户反馈出重要的帮助信息。

7.1.2 面包屑导航

面包屑导航(breadcrumb navigation)这个概念来自童话故事"汉赛尔和格莱特"。当汉赛尔和格莱特穿过森林时，不小心迷路了，但是他们发现在沿途走过的地方都撒下了面包屑，正是这些面包屑帮助他们找到了回家的路，所以，面包屑导航的作用是告诉访问者他们目前在网站中的位置以及如何返回。

一个小小的面包屑是最能体现网站用户体验的部分之一。电商网站的子页面数不胜数，而面包屑是指引用户的一盏明灯，由此可见面包屑导航对于用户浏览的重要性。

（1）关键词统一，避免用词重复

面包屑导航的存在就是为了让用户能最直观地了解自己所处的位置，因此，用词精简直接并且唯一，是面包屑导航必须遵守的原则。也就是说，每一个产品页面都有属于它的唯一导航，这样能减少用户在购物时产生的疑问。在用词方面也要尽量避免有歧义的用词，京东的面包屑导航在这方面就不够好（图7-13）。

● 图7-13　京东的面包屑导航

京东面包屑导航中的一级分类和二级分类分别为"家用电器"和"生活电器",这两个含义相近的词汇增加了用户的思考时间。因此,近义词和平级词汇应该在面包屑中尽量避免。

如图7-14所示,淘宝网中的面包屑就相对直观。从"所有分类"到"女装"再到"羽绒服",每一个大分类都没有重复性,让用户能在第一时间做出反应。

● 图7-14　淘宝网的面包屑导航

(2)显示层级页面的产品数量

用户使用面包屑导航的目的主要有两种,一种是想要返回上级,另一种是查看页面中展示产品的类型。在用户的实际操作中,这两种需求的重要程度不分上下,但是大多数电商网站都忽略了后者。其实,这方面的改善并不困难,只要在层级页面的分类中展现出商品的数量,用户就能很清晰地看到所需商品的种类数量,便于用户挑选。

● 图7-15　优购时尚商城的面包屑导航

如图7-15所示,优购时尚商城的面包屑导航就注意到了这方面的小细节。系统会根据用户对条件的筛选自动抓取商品种类的数量,让用户根据商品的实际情况进行选择。

(3)分类少也能使用面包屑

传统意义上都建议当网站的层级分类很多的时候可以使用面包屑,如果网站分类较少就可以省去这个部分。但笔者认为，面包屑还能有助于用户明确产品定位。当用户对产品没有目标性时，定位式面包屑就能让用户拥有更加顺畅的购物体验。

● 图7-16　聚美优品的面包屑导航

如图7-16所示，聚美优品的商品分类其实并不算少，但他们仍然选择使用定位式的面包屑设计。设计师将产品大分类和用户容易更改的部分做了一些小间隔，便于用户对条件进行修改。

（4）使用具有指向性的符号

面包屑从用户体验上来说是一个"重要的小角色"，既要让用户看得清楚，又不能太醒目，因此，在色彩上主要以黑、灰为主，形状上可以采用单独连接符号，多考虑关键字之间的包含关系，并且符号要具有指示性。

如图7-17所示，亚马逊网站的面包屑在符号上的用户体验很不令人满意，"：" 既不能明确地显示出字词之间的概括性，指示性也远不如箭头那么直接。

● 图7-17　亚马逊网站的面包屑符号

● 图7-18　魅力惠的面包屑符号

而图7-18中魅力惠的面包屑符号就满足了所有的标准，符号颜色和字词相同，大小也很适中，让用户在有需要的时候能马上找到它，但又毫不耀眼。

（5）降低干扰

面包屑导航的设计应该始终遵循这样一个经验法则：它不应该抓住用户的注意力。一个称职的面包屑一定不能起到主宰页面的作用，而是应该低调地扮演着协助主导航的角色，让用户在购物时完全不受到它的干扰。

如图7-19所示，银泰的面包屑设计不像大多数网站选择全透明背景，而是使用了与周围背景色很相近的灰色。这种做法很容易让面包屑就此融入全局中，不产生用户使用时的任何困扰。

● 图7-19　银泰的面包屑导航

（6）避免重复主导航的形式

现在的电商网站都很热衷于在小细节上做文章，他们的出发点是希望在细节中体现出优良的用户体验，如在原本简单的面包屑中添加下拉菜单。网站方认为这样做能让用户在更短的时间内找到自己需要的商品，但其实意义并不大。

以1号店为例，其电子商务网站的主导航基本都有下拉扩展分类的功能（图7-20），所以，面包屑导航如果也采用相同的形式就会变得很重复，而且在实际功能上其实差异也不大。

● 图7-20　1号店的主导航和面包屑

从图7-21中可以看出，京东的网站就避免了这一点，它的主导航是常规的下拉菜单形式，面包屑的设计也比较简单明了，没有过多的功能。

● 图7-21　京东的主导航和面包屑

（7）尽量精简层级

精简面包屑导航层级不仅仅是为了提升用户体验，也是为了利于搜索引擎的抓取。尽量把面包屑控制在4个层级以内，这对用户视觉和SEO（搜索引擎优化）都有很大的好处。

唯品会的面包屑（图7-22）就显得过于拖沓烦琐了。虽然它从分类上来说比较精细，分门别类十分清晰，但是"傻瓜式"的面包屑更适合实际使用。

● 图7-22　唯品会的面包屑导航

苏宁易购的面包屑与唯品会的风格就完全不一样，如图7-23所示，苏宁易购的面包屑默认控制在4层以内，而其他的多元化选项在另外一个区域中存在，降低了用户在使用时的受干扰程度。

● 图7-23　苏宁易购的面包屑与其他多元化选项

（8）在面包屑中使用关键字

面包屑对于网站的SEO有着很大的影响作用，因此把握关键字的设置也许能为网站带来更多的流量。

正如天猫的案例（图7-24）所示，在面包屑导航的第四层级中，用户可以根据自己的实际需求筛选关键字，让呈现出的产品更加准确。

● 图7-24　天猫的面包屑导航

面包屑是每个电子商务网站的一个必备模块，用户体验是否过关在这里可以有很好的体现。所有的网站元素可能都讲究创新改变，但是面包屑却始终如一地用最简单的方式来满足用户的浏览需求。

7.2　首屏设计

首屏（above the fold）是指不滚动web网页屏幕就能被用户看到的画面。

世界著名的网页易用性专家尼尔森曾经有报告显示，首屏以上的关注度为80.3%，首屏以下的关注度仅有19.7%（图7-25）。这两个数据足以表明，首屏对每一个需要转化率的网站都很重要，尤其是电商网站。

在电子商务网站中，用户最急切需要获得的不外乎两点：吸引人的商品或店铺，以及网站能够给予他的信任感。信任需要积累，因此，各类宣传推广信息就成了电商首屏展示的不二之选。

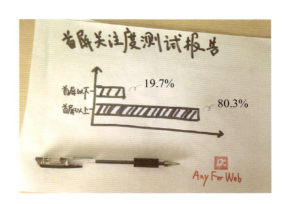

● 图7-25　首屏关注度测试报告

一个能引人驻足停留的首屏一定会为网站带来更多的客户和利益，笔者会在本节介绍如何策划设计出一个好看好用的电商首屏。

（1）确定可视范围

根据统计报告显示，2014年使用率最高的Internet用户屏幕分辨率为1366px×768px。以此为例，浏览器边框宽度普遍在21mm左右，所以网页首屏宽度在无干扰因素的情况下可以确定为1345mm；而屏幕总高度为768mm，除去任务栏高度（40mm）、店铺页头（106mm）、浏览器（工具栏、边框等，共160mm）和位置工具栏（30mm），初步估算首屏高度控制在432mm较为合适。因此可以得出，最符合时下趋势的首屏设计宽高基本范围是1345mm×432mm，重要的内容可以尽量放在这个区间里。

（2）展示吸引用户的信息

首页的首屏位置在整个网站中都称得上寸土寸金，正因为如此，此处展示的文字应该短小精悍，尽可能用最少的篇幅就把信息表达清楚。标题性文字更应该把商家的商业诉求清晰直接地表达出来，在策划这类文字时需注意网站的整体风格。

如图7-26所示，1号店的banner文案就能很好地抓住浏览者的眼球，有趣的标题文字加上"0元领"这样的醒目字眼，让用户充满了好奇心。

● 图7-26　1号店的banner文案

网店核心功能区块的设计 07

如图7-27所示，GAP的首屏虽然没有将广告的下半部分很完整地展现出来，但是这似乎并没有影响到用户想要继续点击的心情，真正吸引用户的信息点都已被整齐地陈列在首屏中，供用户逐一了解。

● 图7-27　GAP的首屏

（3）视觉焦点要显眼

大多数用户的浏览习惯是走马观花式的，以如今国内电商网站普遍的布局来看，用户在第一屏中的视觉焦点基本上以banner和导航为主。因此，其中所表现的无论是文字还是大图，都应该让用户一眼看清内容，减少其思考时间。设计师在设计时可以用"去色"的方法来检验实际效果。

易迅首屏（图7-28、图7-29）算是个反面教材。首屏原图会令人觉得太过繁复，所以视觉焦点自然会分散开来。

通过去色前后的对比图可以发现，去色后，导航上的文字内容会变得不够清晰，因此可以得出，色彩是锁定用户视觉焦点的主要问题。

唯品会首屏（图7-30、图7-31）去色后的效果就截然不同了。去色后，banner上的内容仍然可以很容易地辨认出来，文字和背景都很清晰。

147

●图7-28 去色前的易迅首屏

●图7-29 去色后的易迅首屏

07 网店核心功能区块的设计

● 图7-30 去色前的唯品会首屏

● 图7-31 去色后的唯品会首屏

（4）图片让内容更利于理解

要让用户在短短的几秒钟之内就了解网站或商家发布的一系列信息，单凭简短的文字是不够的，还需借力于图片的帮助。图片的使用能从侧面含蓄地衬托主题，因此，在图片素材的选择上应该保证对主旨的表达有帮助，并且在视觉上保持风格一致。

凡客诚品的首屏（图7-32）走的是极简路线，没有什么修饰，让用户可以专注于商品本身。配图没有把商品全貌都展现出来，但在极简的风格下，也能增强用户的点击欲。

● 图7-32 凡客诚品的首屏

（5）用风格强调主题

网站首屏的风格是根据目的来决定的，在设计之前，必须要了解这个首屏究竟在整个网站中会起到什么样的作用。一般来说，电子商务网站的首页首屏会用来进行推广宣传，比如单品推广、店铺推广和活动宣传等。

① 单品　以单品推广作为主题的首屏一般会用卖点组成文案，再配上简单的图片（图7-33）。

② 店铺　店铺的推广其实并不需要用很大的篇幅来具体说明，只要将一些用户在意的关键点表现出来即可，例如优惠信息、活动形式范围等（图7-34）。

③ 活动　一项活动的宣传很难用简单的文案在首屏中描述清楚，所以要尽量用有冲击力的字词来吸引用户点击到详情页（图7-35）。

● 图7-33　天猫的单品推广

● 图7-34　丝芙兰的店铺推广

● 图7-35　天猫的活动宣传

（6）锁定用户的视觉重点

当用户对网站还不太熟悉的时候，进入首页必然会一头雾水，此时，给予用户视觉上的引导变得格外重要。引导的方法多种多样，比如醒目的大字或图片、吸引人的标题或是条理清晰的整体布局等。所谓引导，并不只是让顾客购买商品，更意味着让用户点击进入其他页面，产生更多的消费。

很少有电商网站的首屏像好乐买（图7-36）一样干净整洁、分类明确，它清晰的布局让用户一眼就能找到自己的需求。

● 图7-36　好乐买的首屏

（7）动画吸引用户视线

在网站用户体验比较流畅的基础上，在首屏中可以适当地加入一些鼠标互动效果或是Flash动画效果会让页面看起来更加生动有趣。这种做法也能增加一定数量的点击，并且吸引用户的注意力。但这些效果只能作为点缀，大面积地使用反而会适得其反。

如图7-37所示，淘宝网在右上角有一个小小的鼠标交互效果，点击后进入的是一个活动专区，翻页效果在心理学上被认为更容易触发用户想要点击的冲动。

● 图7-37　淘宝网上的鼠标交互效果

（8）符合视觉习惯的图文混排

大片单一的文字或图片会让用户产生厌倦感，而图文混排很好地弥补了这一点。图文混排的方式有很多，比如色彩上的对比、文字或图片的放大等，在布局上尽量做到错落有致，让用户的视线顺畅地转移。无论用哪一种形式，都必须确保的是主要内容的可读性。

一淘网的首屏（图7-38）不太符合大多数人的使用习惯。当用户进入一个电商网站，首先一定会被图片吸引，很少有人会愿意逐字逐句地看完大段文字，所以详细的描述并不适合放在首屏的位置。

聚美优品首屏（图7-39）的图文搭配恰如其分，简单的大图和一些短句，两者之间相辅相成，图片便于用户理解，文字很精简，重点分明。

● 图7-38　一淘网的首屏

● 图7-39　聚美优品的首屏

总而言之，首屏是吸引用户至关重要的通道，很多网站因为对首屏的忽视，从而产生了一些用户体验上的问题。电商网站相比较普通的官方网站在性质上更特殊一些，电商首屏应该带着商家的目的性去迎合用户的常规使用习惯，而不是漫无目的地把首屏变成布告栏。

7.3 登录注册页设计

电子商务网站已经慢慢成为现代都市人的必需品,大家都乐此不疲地使用着,但对于第一次注册使用的情景,相信大家还记忆犹新。精心挑选完商品之后,用户们怀着愉快的心情点击购买按钮,但显示的却是"请先注册或登录",原本满满的购物欲和好心情有可能瞬间大打折扣。

电商网站需要注册和登录才能执行购买流程虽然受到很大一部分用户的反感,但确实是非常普遍的现象。用户之所以如此反感,也不完全因为流程烦琐,网站的表现形式不够友好和人性化也是原因之一,甚至还有网站令用户很直接地感受到一种强迫性。

市场环境让几乎所有国内的电商网站都随大流地加上了注册登录环节,那么,如何让这一步骤变得更友好更适用,就成了网站设计者们需要思考的问题。

(1)简洁突出,大胆留白

"挑剔"是大多数网购人群的特性,这种"挑剔"不仅体现在他们对商品的态度,也蔓延到对网站的每个页面。用户不喜欢思考和寻找,他们希望所有自己需要的内容都清晰地摊在眼前,甚至眼前只有自己需要的内容。这样的要求听起来很苛刻,但只有把握类似这样的细节,才能在竞争激烈的电商市场中占有一席之地。

很多设计师对于留白都有些战战兢兢,生怕让别人误以为是自己偷懒了。其实,在电商登录页的设计中,留白是一种挽回用户好心情的好方法。登录注册在用户心里就是一个很麻烦的过程,而大量的留白能让用户感觉"原来只有一个步骤而已",这能很大程度地提升用户体验。

苏宁易购的登录页(图7-40)使用了大量的留白,页面整体和细节都十分干净整洁,可以让用户以最快的速度完成注册或登录这一环节。

(2)以访客利益为主导

访客利益为先的衡量标准说起来可能比较空洞,很多电商网站也因此忽略了这一点。电商网站的主要目的是尽可能多推广、多销售自己的产品,于是有的网站就不放过任何一个可以推销自己产品的角落,这样的做法会让用户很厌烦,尤其在登录页上出现诸如此类的推销信息。

●图7-40　苏宁易购的登录页

登录页是一个属于用户的网页，商家应该比较一下自己的登录页面，提到用户的次数和提到品牌产品的次数哪个更多。

麦网的登录页（图7-41）是一个反面教材，网站过于急切地想把自己的商品展示给用户，所以页面上的内容看起来很杂乱，这有可能对营销会有一些帮助，但却造成了不佳的用户体验。

● 图7-41　麦网的登录页

亚马逊的登录页（图7-42）就与麦网的完全不同，亚马逊不仅在引导上做得很到位，语句的撰写也更多地为客户考虑，"我的邮箱地址是…"，这样的语言显得更有亲和力。

（3）好的标题是成功的一半

有统计显示，阅读标题的人是阅读正文的人的5倍，这显示"敲门砖"的重要性。如果网站登录入口的标题够吸引人，也许用户不用等到购买前就登录注册。让用户心甘情愿地化被动为主动才是交互设计更深层的意义。

● 图7-42　亚马逊的登录页

嗨淘首页的登录入口标题（图7-43）就与普通电商网站的标题不太一样，"hi"的小标识让按钮更吸引用户点击。

● 图7-43 嗨淘首页的登录入口标题

点进登录页（图7-44）后，嗨淘的标题依然与众不同，与普通的"欢迎登录"相比，"还不是嗨淘网会员？"这样的标题是不是更能让用户愉悦呢？

● 图7-44 嗨淘的登录页

（4）简化页面副本，切中要害

刚才已经提到，用户根本没有心思在短短的几秒钟之内做任何思考，因此，这里又涉及页面副本的问题。虽然如今什么都要讲求创新独特，但在登录页上还是要尽量避免。登录页面上的文案最好简单一点，用一些用户一看就能懂，而且不会产生歧义的文字。

百度糯米的登录页（图7-45）真正理解了简化副本的含义。页面文字的简化并不是文字越少越好，而是要用尽可能少的文字把意思表达清楚。百度糯米的登录页左侧的图片上没有多余的文字，色彩上也选择了淡色系，让整体看起来很舒服。

● 图7-45　百度糯米的登录页

（5）有趣美观的页面设计

视觉上美观的事物总能给人更好的第一印象，对于网页设计也是一样的道理。从色彩到布局，登录页设计要的是一种和谐，如果能在和谐舒适的体验基础上增添一些趣味性，用户会更乐于使用和点击。

● 图7-46　京东的登录页

网店核心功能区块的设计 07

京东的登录页（图7-46）就很有趣味性，左侧图片是略带搞笑的风格，也许能让用户会心一笑，带着好心情来登录和购物。

（6）必要时加入动画效果

虽然登录页面讲求简洁，但不可否认动态的事物总能在第一时间抓住用户的眼球。当用户不愿阅读文字的时候，在网页中加入动画或小视频就是提高转化率的另一个方法。但这样的做法如果把握不好界限反而会破坏整个页面的效果，甚至影响用户体验，所以还是要谨慎而行。

在线客服的功能很多网站都有，但在登录页出现的却不多见。在登录或注册的过程中，其实用户很容易遇到困难，在麦德龙的登录页（图7-47）中就很贴心地设置了在线客服这一功能，并且实现动态效果，让用户在有需要的时候能马上找到它。

● 图7-47　麦德龙的登录页

（7）撰写充满号召力的文案

要用仅仅几个字的短句就抓住用户的心，文案的号召力是很重要的因素，尤其对新用户。这里所说的号召力也并非一定要用短句来实现，使用大动态字体的"注册"也能产生相应的效果，总之能让用户感受到网站的活力和朝气，他们才会更愿意去登录或注册。

充满号召力的文案一定要够简短够顺口，易迅网的"就是这么拼"（图7-48）虽然称不上多有创意，但着实能勾起用户的购物欲，让用户对登录注册更主动。

159

● 图7-48　易迅网的登录页

（8）尽量减少表单域

从视觉角度来说，表格状的形式不仅能把杂乱的数据清晰化，也能把原本简单的内容复杂化。有调查显示，电商网站登录页上显示的表单域越少，转化率就越高，由此可见，用户对于填写表格并不感兴趣。

● 图7-49　ebay的登录页

网店核心功能区块的设计 07

尤其对于首次使用的新用户来说，他们对网站的信任感还很薄弱，在这时让他们填写大量的表格式个人相关信息是很不恰当的，这对之后建立彼此之间的信任感也很不利。

ebay的网站走的是极简路线。而表单形式在登录页面中基本上避免不了，所以，ebay很聪明地只保留登录部分，有注册需要的用户可以点击右侧的按钮跳转到另一个页面（图7-49）。这是一个两全其美的做法，既让登录页面变得更简单，也让网站的条理更清晰。

（9）感谢页面社会化

与其想尽办法让广告在网站内无处不在，不如把握住感谢页面，效果可能也会好得多。当用户完成登录页的转化后，可以在页面上添加一些选项，如为登录页点个赞，又或是分享到社交网站上，这样能第一时间集中更多的客户群。

（10）使用单开式登录页

无论从实际操作还是用户体验角度出发，单开式的登录页都是目前最理想的打开方式。如果选择弹框或者直接本页登录，会很明显地不利于用户的使用。Lancome的网站（图7-50）就是一个例子；另外，有些浏览器会有屏蔽弹框的功能。

单开式的登录页设计能更好地引导用户，同时产生一种被重视的感觉，这对于电商网站尤为重要。

● 图7-50　Lancome的登录方式

1号店的登录页是同类网站中做得很周到的,它在首页的登录入口位置做了一个鼠标悬停显示的效果,这样可以避免用户因为误操作而造成的不必要的点击(图7-51)。

总之,在电子商务网站的登录环节暂时还无法割舍的现在,页面的设计要以用户体验为先,让用户在使用的时候尽可能地减少思考时间。同时,Any For Web也希望在未来可以让注册登录成为不必要的环节,让用户可以以游客身份直接购买,而登录注册的好处只是让购物流程变得更容易或者价格更优惠,以这样的方式让用户主动注册,让登录注册变成一个用户喜欢的环节。

● 图7-51　1号店的登录方式

7.4 商品列表页设计

电子商务中的商品列表页也被称为商品聚合页,是为了能为消费者提供更完善的商品种类选择。这一类页面的最大特点就是信息量大、图片多,所以布局是否清晰合理,以及如何尽可能地压缩内容是商品列表页设计的重点部分。

目前,国内电商网站的商品列表页常见表现形式有三种,分别是行列排列、瀑布流和特别款突出(图7-52)。这三种形式各有特点,设计师应该根据商品特色选择最适合的表现手法。

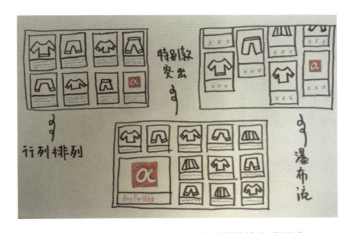

● 图 7-52　电商网站商品列表页常见的表现形式

如果商品的种类数量多且繁杂,规规整整的行列排列方式更利于用户找到浏览规律;瀑布流的形式更多地在流行时尚领域的电商中使用;特别款突出的方式可以为一些节日活动的宣传促销而准备。这三种形式在下面的案例中也会一一提及。

(1)展示基本信息

正因为商品列表页相较于其他页面会显得有些拥挤,设计师更应该抱着在限制的区域范围内展现最有用的信息的心态来设计网页。正在浏览商品列表页的用户也许对商品的细节描述并不是很在意,此时的浏览模式更偏于走马观花,因此,简单扼要的图片、商品名称,以及价格说明就已经能够满足用户在该页中的需求了。

顺丰优选的整个商品列表页面（图7-53）看起来很简明，但展示的商品信息却并没有弱于其他电商网站，用户真正希望得到的资讯都得到了完整的体现。

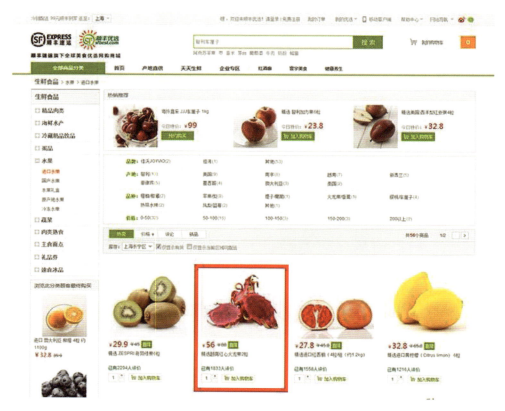

● 图7-53　顺丰优选的商品列表页面

（2）鼠标悬停时产生交互效果

很多网站都会忽略鼠标悬停时应该产生的交互效果，其中也不乏一些知名电商。虽然这只是一个很小的效果，但它存在的意义却不仅如此，它甚至承载了一份网站与用户之间的互动和反馈。

天猫的商品列表页（图7-54）在给予用户即时反馈这方面做得很到位。当鼠标悬停在商品范围时，显眼的红色线框就马上将该商品与其他商品区分开来，而线框的红色与网站主色调相同，这样也让整体表现得不突兀。

网店核心功能区块的设计 07

● 图7-54　天猫的商品列表页

（3）出现适量的附加信息

刚才提到了商品列表页应该尽量做到简单简洁，但在此基础上适量地增加一些对用户挑选商品有帮助的附加信息可以起到锦上添花的作用。

聚美优品的商品列表页（图7-55）采用了特别款突出的表现形式，并且向用户展示了商品的多视角图片，让用户不需进入详情页就能看到商品全貌，间接降低了商品详情页的跳出率。

165

网店设计看这本就够了（全彩升级版）
Online Store Design

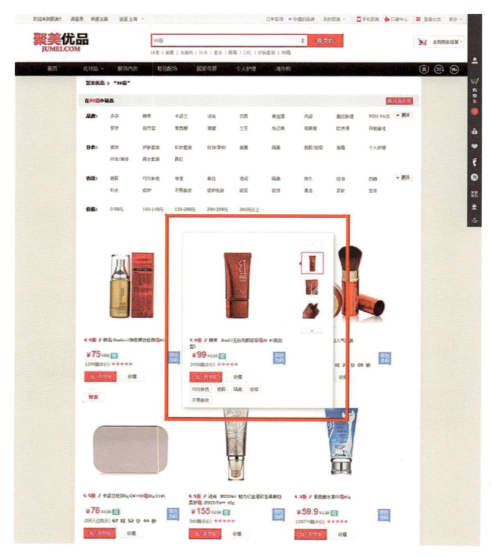

● 图7-55　聚美优品的商品列表页

美丽说是一个偏向时尚年轻化的网站，因此设计师使用了这类人群都能接受的瀑布流展现方法（图7-56）。美丽说的商品列表页的特点在于增加了其他用户的评论模块，这也是人们在网上购物时很注重的部分。

网店核心功能区块的设计 07

● 图7-56 美丽说的商品列表页

（4）始终带给用户指引

可能很多电商网站都认为，用户在商品列表页面停留就意味着即将找到自己需要的商品；而现实却是，用户很可能在不断翻页的过程中会不知不觉地改变了之前的目标商品。因此，网站应该始终为用户提供指引，带给他们明确的方向感。

YOHO的商品列表页（图7-57）有利有弊。侧边导航始终存在于页面上，为用户的页面跳转提供了很大程度的便利；但不足之处是侧边导航呈静态，如果能实现动态，可以随着用户鼠标的滚动而始终保持在屏幕之中就更好了。

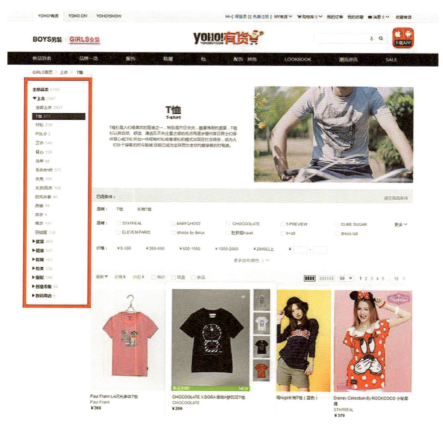

● 图7-57　YOHO的商品列表页

（5）设置相关推荐，促成更多消费

用一种商品推动另一种商品的销售，这是电子商务网站中的惯用营销手法，但这样的方

07 网店核心功能区块的设计

式如果运用得太过生硬用户一定不领情，网站应该试着用柔和的方式传达相同的意思，设计师也许也能为此出一份力。

淘宝对此的做法是将推荐信息融入商品列表页的每一个商品中（图7-58）。"找同款"和"找相似"的字样也不会让用户觉得有太浓重的商业味。

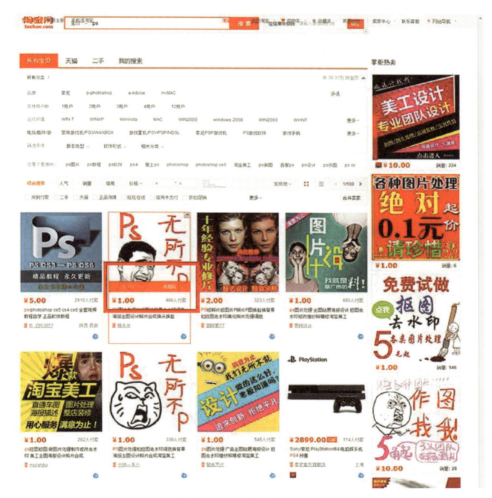

● 图7-58　淘宝的商品列表页

（6）扫清页面死角

页面中的每一个区域都有它的价值和意义，可能只是用户视觉的感知程度不同而已，只要做好布局，页面死角可以变得不存在。

商品列表页的死角多见于页面侧边和底部，而京东将这两片区域作为其他产品的推广途径，如销量排行和商品精选等（图7-59）。

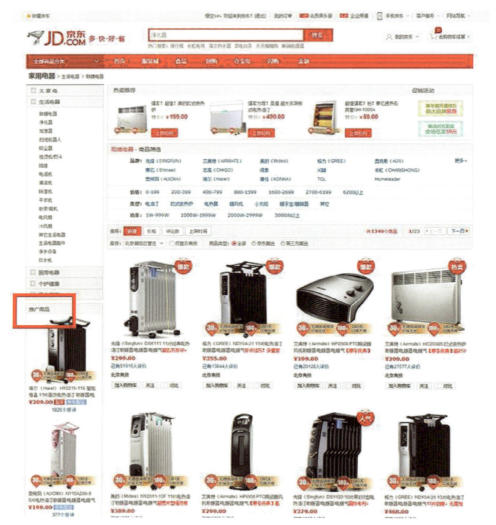

● 图7-59　京东的商品列表页

（7）用特色商品激发购物欲

如果有人觉得特色主推性质的商品只能放在网站首页那就错了，首页首屏的确是整个网站最佳的宣传位置，但所得到的效果却不一定是最理想的，只有根据商品的类型安排布局才能达到事半功倍的效果。

如易迅网案例（图7-60）所示，手机产品的相关推荐就放在手机商品的列表页头部，让真正有购买需求的用户都能看到。

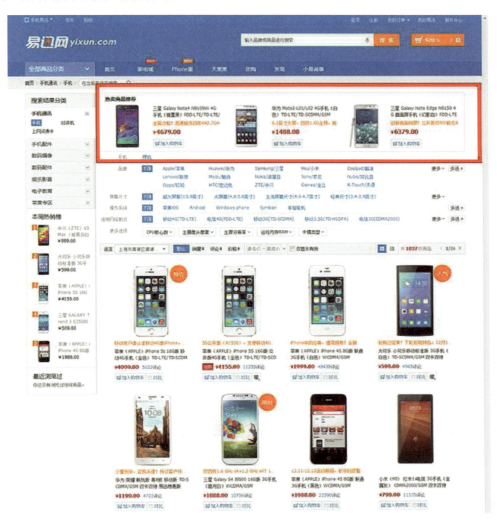

● 图7-60　易迅网的商品列表页

（8）吸引人的商品活动尽量置后

中国有句谚语，"好戏总在后头"，这句话也同样适用于电商商品列表页的设计中。把相对吸引人或是目的性强的商品活动放在偏后一点的位置，有利于整个网站的运营。

如图7-61所示,1号店将有针对性的"热卖推荐"和"与您浏览记录相关的商品"放在页面最后,让原本可能打算结束浏览的用户重新发现新的感兴趣的内容。

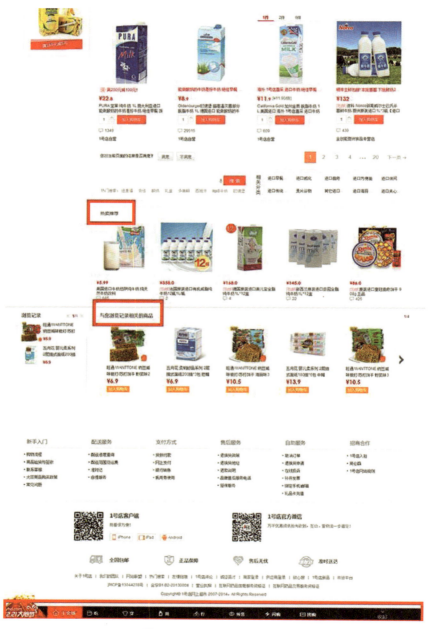

● 图7-61　1号店的商品列表页

（9）减少操作步骤

在商品列表页中，力所能及的步骤的减少只有从商品加入购物车开始着手。但其大前提是已展现的商品信息足够全面和完整。要在小区域内表达出所有内容也的确是一件比较困难的事。

在商品列表页上直接显示"加入购物车"按钮的并不少见，但能同时显示购买数量的就不多了，而DHC官网（图7-62）就实现了这一操作，让用户能够直接选择商品数量和种类。

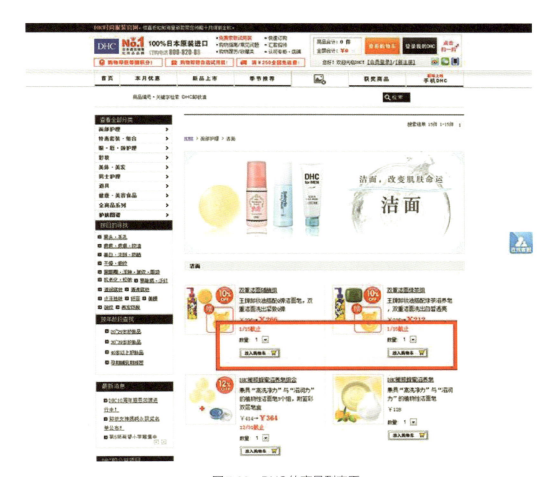

● 图7-62　DHC的商品列表页

(10)从众效应

从众心理是网上购物人群的普遍状态,因此,买过该商品的顾客对此做出的评价对于用户来说很有说服力。商家可以利用这一点在网页的设计上做出一些小改变。

乐蜂网在商品列表页(图7-63)增加了用户很看重的评论和购买人数模块,这样能让用户更直观地看到商品的人气指数。

● 图7-63 乐蜂网的商品列表页

总之,商品列表页是用户真正进入网上购物状态的第一环节,因此,舒适的用户体验变得尤为重要,设计师应该根据商品或行业的不同商业诉求作为首要考虑因素。

7.5 商品详情页设计

商品详情页是电子商务网站中最容易与用户产生交集共鸣的页面，详情页的设计极有可能会对用户的购买行为产生直接的影响。因此，商品详情页面的设计会涉及运营层面，在美观实用的基础上，将要表达的信息尽可能用直观的视角展现出来，再有意识地避免设计与运营之间的冲突。

（1）商品展示图不宜过大，鼠标悬停展示细节

商品详情页中的图片展示是用户进入该页面后的第一个视觉点，有设计师可能会因此认为这张图片的尺寸应该尽可能放大，让用户对商品概况一目了然。但作为设计师也应该考虑到右侧文字信息对于用户的重要性，两者之间的比例要避免有很大的偏差，以减轻用户在视觉上产生的不适。

IKEA的网站就因为图片与文字之间的比例问题，让整体看起来轻重不明确，图片周围的留白更是与右边拥挤的文字形成了鲜明的对比（图7-64）。

● 图7-64　IKEA的商品详情页

鼠标在图片上悬停时,图片右侧会出现关于商品的细节展示,这是一个在商品详情页中很常见的功能。但使用过程中会发现,就算用户的鼠标无意识地划过图片,细节展示依然会马上呈现,这或多或少会影响到用户体验,而IKEA的网站则很自然地解决了这一问题。

IKEA的细节展示在点击后才会体现,不让"说来就来"的图片打扰用户的浏览体验(图7-65、图7-66)。

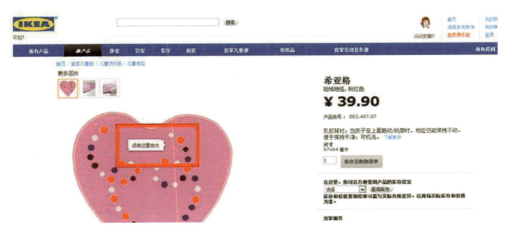

● 图7-65　IKEA网站的鼠标悬停效果(点击前)

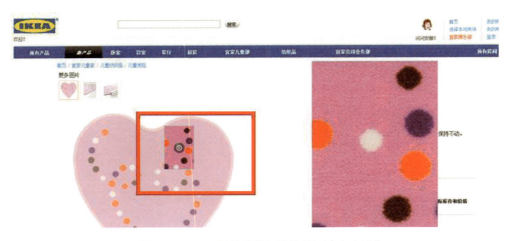

● 图7-66　IKEA网站的鼠标悬停效果(点击后)

（2）满足用户的比价心理

"价比三家"是网络购物群体的消费习惯，因此，商品详情页的设计中也应该融入并满足用户选价的心理状态。在消费心理学中会提到，顾客买东西大多基于个人感受，他们在意的可能并不是真正价格上的便宜，而是商家能让其觉得便宜。

折扣或是优惠额度的显示能让消费者心理产生微妙变化，正如当当网的做法（图7-67），让原价和折后价产生对比，再直接表明折扣，这种重复表达能加深用户对优惠力度的感受。

● 图7-67　当当网的商品详情页

（3）增加分享按钮

社交媒体的力量在如今的营销中绝对不容小觑，所以分享按钮就变得必不可少。在大多数电子商务网站中可以看到与图7-68所示类似的分享按钮。

分享按钮被设置在展示图片或文字的下方，主要分享当前页面的商品。但其实，真正用于营销推广的分享并不应该仅限于商品本身。

如成功购买的记录（图7-69），又或是买家和卖家之间的有趣互动评价（图7-70），这些都可以成为分享的内容，这也许比商品本身更有吸引力。

● 图7-68　淘宝网上的分享按钮

● 图7-69　成功购买的记录

（4）Call To Action

Call To Action可以解释为用户行为召唤，也就是人们常说的用户引导。Call To Action一般从色彩和文案两个角度着手，而色彩是最直观的表现形式。用区别于页面大环境的色彩来强调突出，在吸引用户视线的同时让他们更乐于点击。

● 图7-70　买家和卖家之间的互动评价

在图7-71所示的唯品会商品详情页中，价格、标签，以及"加入购物袋"按钮都使用了鲜亮的玫红色；"购物袋"相较于"购物车"也更加生活化。

● 图7-71　唯品会的商品详情页

（5）评价意见是必需板块

对网络缺乏信任感是大多数用户存在的问题，而他人的评价和建议能对当时的购买行为产生很大的影响。因此，顾客评论在电子商务中不是可选项，而是必选项。

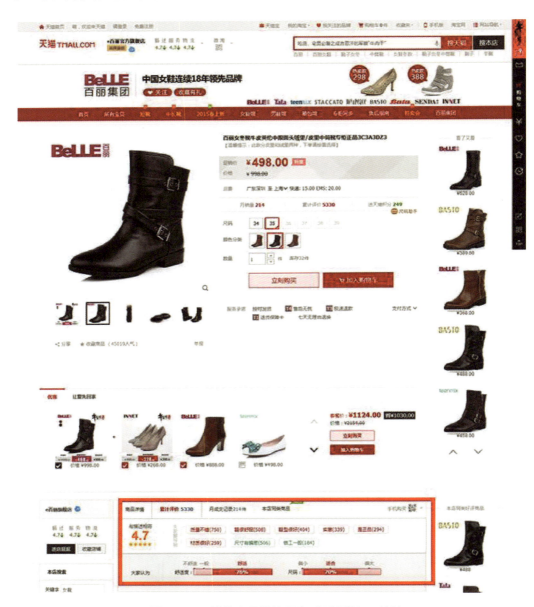

● 图7-72　天猫的商品详情页中对评论进行了统计

天猫将顾客的评论进行了自动汇总统计（图7-72），让用户在查看的时候更直观便捷。

无印良品网站的商品详情页（图7-73）在这方面做得有所欠缺，也许是对自家的产品自信心爆棚，根本不用让用户听取其他顾客的评价？但身为一个网站，还是尽量不要如此高冷。

● 图7-73　无印良品网站的商品详情页

（6）导航跟随

商品详情页的内容比较多，所以跟随性的导航设计很有必要。跟随导航在商品详情页的出现能为用户提供很大的便利，但在大小上还需要设计师来掌握，隐形全面的导航才是用户真正喜欢的导航。

京东的商品详情页（图7-74）无论在导航的颜色还是大小上都比较符合用户体验，既让用户在浏览时更方便，也不影响用户的视觉体验。

● 图7-74 京东的商品详情页

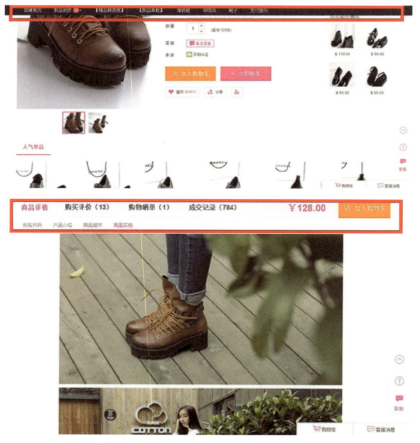

● 图7-75 美丽说的商品详情页中的跟随导航

网店核心功能区块的设计 07

美丽说的跟随导航（图7-75）以两种形式出现，一开始是网站的主导航，翻阅到一定区域，导航自动变更为商品详情导航。这样的做法其实显得有些多余。当用户已经在翻阅一个页面的时候其实很少会出现跳转的需求。另外，在跟随导航中设计二级导航也没有什么必要，这样只会让用户的视线范围变狭窄。

（7）优先功能用途的描述

很多商品详情页的品牌情节过于明显，这会让用户觉得商业色彩太过浓重，缺乏亲切感。商品详情页的描述第一屏通常会有新品或热门推荐，这种做法与商户最应该注重的用户体验完全背道而驰，这类行为会让用户产生反感。

GAP的商品详情页（图7-76）几乎没有任何多余的部分，页面中的内容都围绕着一个商品而展开，为用户营造出良好舒适的购物环境。

● 图7-76　GAP的商品详情页

（8）减少文案，善于显示关键词

有研究表明，互联网上60%的文字信息用户是不会阅读的，由此可以得出，互联网上出现的文案必须达到最精简，应该善于抓取关键字。

国美在线在商品详情页（图7-77）上首先列出一系列用户真正需要了解的关键点，再在接下来的部分中一一详细介绍。

● 图7-77　国美在线的商品详情页

（9）保持页面连贯性

关于商品详情页，站在用户角度来说，他们需要清晰地认识到商品的全部信息，或者说该如何为自己带来好处，因此，商品描述的逻辑顺序变得格外重要，设计师可以基于商品描述的认知规律去考虑这一点。

苏宁易购的商品详情页（图7-78）在页面连贯性上表现得很不错，条理十分清晰，让用户能顺着线索找到自己需要的那一部分。

网店核心功能区块的设计 07

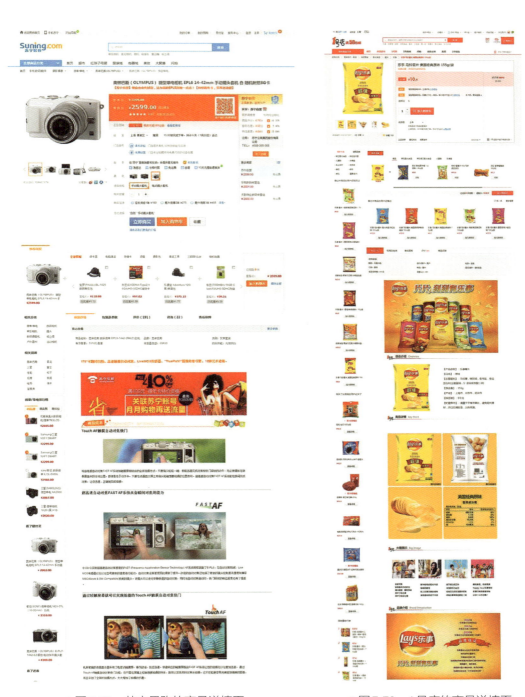

● 图7-78　苏宁易购的商品详情页　　　　　● 图7-79　1号店的商品详情页

185

（10）页面不宜过长

页面长度的掌握在商品详情页的设计中是一个很常见的待解决问题，页面长度过长不仅会导致网页加载速度变慢，也会让用户产生视觉疲劳。一般来说，PC显示在20屏以内，移动端控制在10屏，也就是4页以内。

1号店商品详情页（图7-79）的页面长度控制比较恰当，尽量把相关事项交代清楚，不加入其他可有可无的成分。

总而言之，商品详情页的设计体现的不仅仅是单纯的视觉效果而已，无论构思还是排版都是一个引导用户的过程。打动用户、刺激购买，设计师应该抱着这样的理念为用户传播一种幻想，而不只是设计一个页面而已。

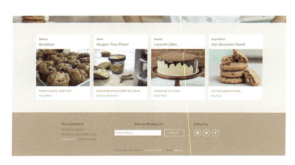
● 图7-80　某食品网站页脚设计

7.6　网站页脚设计

评价一个网站好坏有众多因素，视觉设计、品牌一致性、网站易用性等都会影响到访客的情绪。虽然网页页脚的设计在整个页面设计中并非最引人瞩目的部分，在需求中的优先级也不高，也不是整个网站设计的核心，但是它依然是整个网站不可或缺的部分。

● 图7-81　Zoyo网站页脚设计

事实上，页脚的重要性和页眉相当，有时更甚，因为对大多数用户来说，页脚是他们最后的"停泊港"。这应该设计成一个绝佳的入口：为访客提供注册服务、联系网站（提供信息/问题咨询）等。如图7-80所示，左侧为联系方式，中间为注册入口，右边

● 图7-82　展示品牌也是页脚设计的一个方式

网店核心功能区块的设计 07

是网站的社交平台。

所以,设计师在设计页脚时要问问你自己,当访客到达网页底部时,他们想看什么?一个好的网站页脚能够让用户找到有用的信息,有更好的互动感。

(1)好看

"好看"是最基本也是最有效的方法,就算页脚没有任何东西(按钮、链接等),只要视觉效果出众,它依然可以成为网站整体中有力的那部分(图7-81)。

如果想让网站尽可能保持干净简洁,那就要防止网站看起来乏味无聊。无论如何,在网站页脚的视觉细节上花点功夫,才能把用户的注意力抢过来。

(2)展示品牌

网站页脚的另一个重要用途是展示关于品牌信息等(赞助商、开发者等),信息越丰富,访客想深入了解品牌就越方便(7-82)。

(3)简洁干净

这个在设计中属于老生常谈,当你有大量信息要处理时,简约风格是不二选择。在页脚设计上,要保证排版干净,元素有序,空间通透不拥挤(图7-83)。

● 图7-83 简洁干净的页脚设计

(4)提升产品和服务

如果网站是售卖产品或服务的,页脚就是一个让用户有所行动的优秀渠道。

作为一个优秀的"促销员",它可以让用户知道目前有哪些"福利"或注册有什么好处,

187

例如上面的网站，页脚要做的是增强说服力，尽可能鼓励用户去采取行动（购买或注册），而不是简单地罗列信息（图7-84）。

● 图7-84　页脚是一个让用户有所行动的优秀渠道

08 网店页面创意设计

一个网店如果想确立自己的形象，就必须具有突出的个性。在页面设计中，要想达到吸引买家、引起买家购买的目的，就必须依靠网店自身独特的创意，因此创意是网店生存的关键。好的创意能巧妙、恰如其分地表现主题、渲染气氛，增加页面的感染力，让人过目不忘，并且能使页面具有整体协调的风格。

8.1 创意及创意思维

8.1.1 什么是创意

创——创新、创作、创造……将促进社会经济发展。

意——意识、观念、智慧、思维……人类最大的财富，大脑是打开意识的金钥匙。

创意起源于人类的创造力、技能和才华，创意来源于社会又指导着社会发展。人类是创意、创新的产物。人类是在创意、创新中诞生的，也要在创意、创新中发展。

简而言之，创意就是具有新颖性和创造性的想法，是一种通过创新思维意识，进一步挖掘和激活资源组合方式进而提升资源价值的方法。在网店页面设计中，创意的中心任务是表现主题。因此，创意阶段的一切思考，都要围绕主题来进行，图8-1所示的页面设计就很有创意。

●图8-1　百草味中秋萌兔系列月饼专题

8.1.2 创意思维原则

① 审美原则　好的创意必须具有审美性。一种创意如果不能给浏览者带来美好的审美感受，就不会产生好的效果。创意的审美原则要求所设计的内容健康、生动、符合人们的审美观念。图8-2所示为GlennzTees购物网站，其简单的设计使产品图片异常有趣，这样的产品图片很容易成为网站的主要元素，有助于用户明确目标焦点。

网店页面创意设计 08

● 图8-2　GlennzTees购物网站

② 目标原则　创意自身必须与创意目标相吻合，创意必须能够反映主题、表现主题。网店页面设计的目的是更好地体现网店内容，因此在设计时必须具有明确的目标，图8-3所示的创意的目标是突出店铺的内衣。

③ 系列原则　系列原则符合"寓多样于统一之中"这一形式美的基本法则，是在具有同一设计要素（或同一造型）、同一风格（或同一色彩）、同一格局等基础上进行连续的发展变化，既有重复的变迁，又有渐变的规律。这种系列原则，给人一种连续、统一的形式感，同时又具有一定的变化，增强了网店的固定印象和信任度。图8-4所示为Itself购物网站，其首页不同的缩略图展示不同风格的T恤，链接到产品图是模特的穿着效果，选择不同的款式可以进行切换。

● 图8-3　古今内衣七夕活动专辑导购

191

④ 简洁原则　设计时要做到简洁原则：一是要明确主题，抓住重点，不能本末倒置、喧宾夺主；二是要注意修饰得当，做到含而不露、蓄而不发，以朴素、自然为美。图8-5所示的Ugmonk购物网站，采用了浅色系背景和简洁的设计，T恤展示在白色的背景上，首页和产品页同样用了切换图片的形式展示不同的风格。

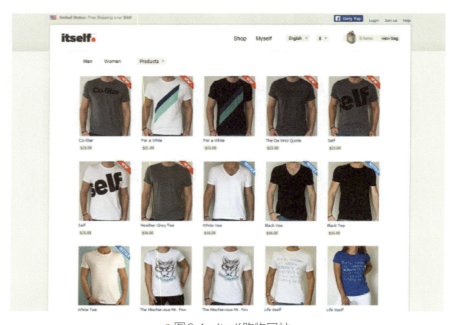

● 图8-4　Itself购物网站

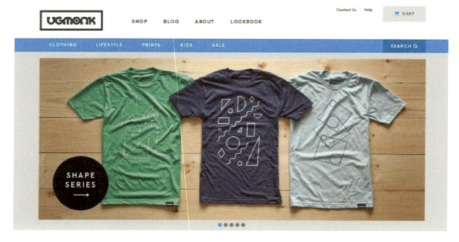

● 图8-5　Ugmonk购物网站

08 网店页面创意设计

8.2 常见的创意手法

创意是传达信息的一种特别方式。创意产生的过程分如下几个阶段。

① 准备期　研究所收集的资料，根据以往的经验，启发新创意。
② 孵化期　将资料消化，使意识自由发展，任意结合。
③ 启示期　意识发展并结合，产生创意。
④ 验证期　将产生的创意讨论修正。
⑤ 形成期　设计制作网店页面，将创意具体化。

好的创意是在借鉴的基础上，利用已经获取的设计形式，来丰富自己的知识，从而启发创造性的设计思路。以下是几种常见的创意方法。

8.2.1 巧用对比

对比是一种趋向于对立冲突的艺术美中最突出的表现手法。在网店页面设计中，要把网店页面所描绘的产品性质和特点放在鲜明的对比中来表现，相互衬托，从对比所呈现的差别中，达到集中、简洁、曲折变化的表现。通过这种手法更鲜明地强调或提示产品的特征，给买家以深刻的视觉感受。图8-6所示为The Yetee购物网站，该网站每天只出售一件T恤，而且限定时间。在这里用户可以提交自己喜欢的方案，而且可以看到别人的设计方案。

● 图8-6　The Yetee购物网站

8.2.2 大胆夸张

夸张是一种追求新奇变化的手法，通过虚构把对象的特点和个性中美的方面进行夸大，赋予人们一种新奇与变化的情趣。按其表现的特征，夸张可以分为形态夸张和神情夸张两种类型。通过夸张手法的运用，为网店页面的艺术美注入浓郁的感情色彩，使页面的特征鲜明、突出、动人（图8-7）。

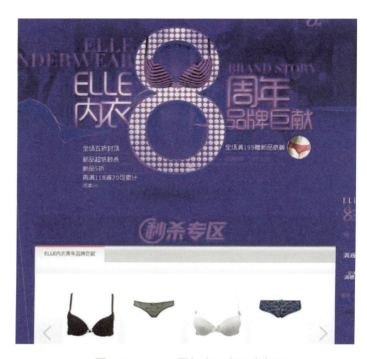

●图8-7　ELLE 8周年庆巨惠活动专题

8.2.3 富于联想

联想是艺术形式中最常用的表现手法。在设计页面的过程中通过丰富的联想，能突破时空的界限，扩大艺术形象的容量，加深画面的意境（图8-8）。人具有联想的能力，它来自人潜意识的本能，也来自认知和经验的积累。联想是从事物、概念、方法、形象想到另一事物、概念、方法和形象的心理活动。

●图8-8　银泰网父亲节活动专题

8.2.4 善用比喻

比喻法是指在设计过程中选择两个各不相同,而在某些方面又有些相似的事物,"以此物喻彼物",因为比喻的事物与主题没有直接的关系,但是某一点上与主题的某些特征有相似之处,因而可以借题发挥,进行延伸转化,获得"婉转曲达"的艺术效果。与其他表现手法相比,比喻手法比较含蓄隐伏,有时难以一目了然,但一旦领会其意,便能给人以意味无尽的感受(图8-9)。

● 图8-9　三只松鼠天猫女王节活动首页设计

8.2.5 趣味幽默

幽默法是指在页面中巧妙地再现喜剧性特征,抓住生活现象中局部性的东西,通过人们的性格、外貌和举止中某些可笑的特征表现出来。幽默的表现手法,往往运用饶有风趣的情节、巧妙的安排,把某种需要肯定的事物,无限延伸到漫画的程度,造成一种充满情趣、引人发笑而又耐人寻味的幽默意境。幽默的矛盾冲突可以达到出乎意料而又在情理之中的艺术效果,能勾起观赏者会心的微笑,以别具一格的方式,发挥艺术感染力的作用(图8-10)。

● 图8-10　SushiBon订餐网站界面设计

8.2.6 以小见大

以小见大中的"小",是页面中描写的焦点和视觉兴趣中心,它既是页面创意的浓缩和升华,也是设计者独具匠心的安排,因而它已不是一般意义的"小",而是从以小胜大的高度提炼出的产物,是简洁的刻意追求(图8-11)。

● 图8-11　小也香水2014情人节专题

8.2.7 古典传统

这类页面设计以传统风格和古旧形式来吸引浏览者。古典传统创意适用于以传统艺术和文化为主题的网店，这种手法是将我国书法、绘画、建筑、音乐、戏曲等传统文化中独具的民族风格，融入页面设计的创意中（图8-12）。

● 图8-12　老金磨方天猫女王节活动首页设计

8.2.8 流行时尚

流行时尚的创意手法是通过鲜明的色彩、单纯的形象，以及编排上的节奏感，体现出流行的形式特征。设计者可以利用不同类别的视觉元素，给浏览者强烈、不安定的视觉刺激感和炫目感。这类网店以时尚现代的表现形式吸引年轻浏览者的注意（图8-13）。

● 图8-13　伊泰莲娜官方旗舰店专辑导购页面设计

8.2.9 偶像崇拜

在现实生活中，人们心里都有自己崇拜、仰慕或效仿的对象，而且有一种想尽可能地向他靠近的心理欲求，从而获得心理上的满足。偶像崇拜的手法正是针对人们的这种心理特点运用的，它抓住人们对名人偶像仰慕的心理，选择观众心目中崇拜的偶像，配合产品信息传达给观众。由于名人偶像有很强的心理感召力，故借助名人偶像的陪衬，可以有效提高产品的印象程度与销售地位，树立名牌的可信度，产生不可言喻的说服力，诱发消费者对广告中名人偶像所赞誉的产品的注意，从而激发起购买欲望（图8-14）。

● 图8-14　天猫韩国周活动页面设计

09 网店商品陈列设计

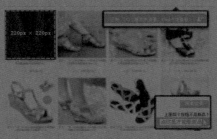

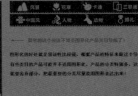

9.1 商品陈列的意义

商品陈列是为了达到美化店面、刺激消费者的作用，而不是把商品简单地摆放在一起。良好的商品陈列布局不仅可以营造出"精品"的氛围，还可以突出商品的量感和一目了然的特点，便于消费者寻找和提取。

科学、专业、适应消费者心理和需求的商品陈列往往能带动30%～40%的销售增长。好的商品陈列坚持把货架上的商品放在易于消费者接近的位置，尽可能让消费者产生接触商品的冲动，同时尽量不在整个层板陈列同一种商品，并保持货架外观整洁，而且价格标签、POP（卖点广告）等标志要和商品对应，另外不要隐藏缺货。所以，好的商品陈列会让消费者觉得只有商品而忽略货架的存在。

充分发挥陈列对销售的作用要求商品陈列做到以消费者为中心，以消费者的需求为导向，根据消费者的消费心理和行为习惯，采用科学方式展示商品特性，从而达到树立形象、吸引人流、刺激消费、提升销售的目的。还可以通过对促销商品的特殊陈列，使店铺显得生机盎然，具有强烈的感观刺激，并由此形成良好的价格和商品形象，以点带面，带动人流、提升销售。

9.2 商品陈列细节设计

9.2.1 让新顾客轻松找到产品，快速熟悉产品目录

不管店铺人气旺不旺，新顾客都是网站首先要照顾的群体。刚进入一家网站的新顾客有两种途径，一种是直接进入产品页面，另外一种是进入首页（图9-1）。前者浏览完产品页面后如何让其继续浏览其他产品或者进入首页，是导航和关联模块的设计目标，不在陈列的范畴内。所以后者是本节重点要讨论的。

进入首页后，如何让新顾客轻松地找到产品呢？

① 搜索框和店内产品关键词；

② 清晰的图形化产品类目导航；

③ 首页三部曲：新款，主推，热款。

以上三种方式都可以选择。搜索框是针对网购经验丰富或者资深网络群体的，他们不需要直接展示，更喜欢自己去搜索，而关键词的链接则缩短了跳转流程（图9-2）。

09 网店商品陈列设计

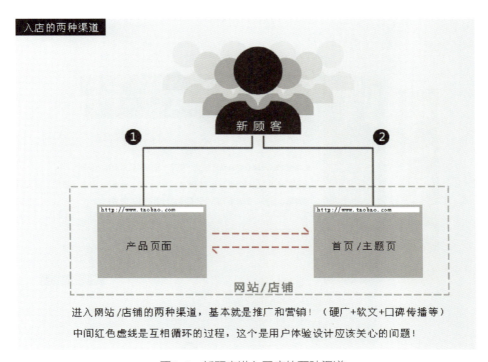

● 图9-1　新顾客进入网店的两种渠道

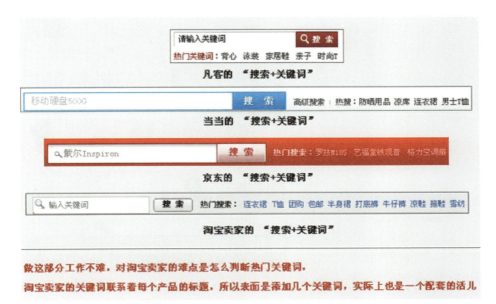

● 图9-2　搜索框和店内产品关键词

图形化的产品类目导航放在首页悬浮侧边或者副导航下面都可以让新顾客非常简洁明了地了解店内产品的目录（图9-3）。

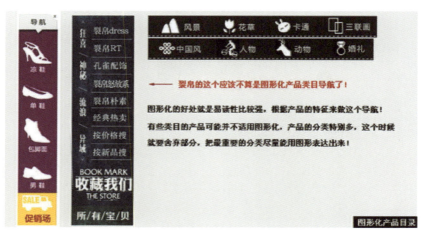

● 图9-3　图形化的产品类目导航

首页三部曲基本涵盖了店内主流消费的产品。所以每个区域展示的数量要合理安排，不至于让新顾客迷失在大面积的产品中，忘记了产品目录。

这里边有两种声音：一种是从商家的角度出发，希望新顾客进来后把店内所有产品都看一遍；另外一种是从顾客角度出发，帮助顾客尽快找到他想了解的产品。

根据产品的不同，选择不同的策略：如果产品差异不大，则需要引导其尽可能多地浏览产品；如果产品差异较大，则应侧重栏目的引导，小面积的覆盖。

● 图9-4　首页三部曲

如图9-4所示,这是一个京东的页面分析。

9.2.2 让老顾客第一时间看到上架的新品

老顾客入店有两个需求:

① 关心最近的新品;
② 关心店铺活动或者促销。

排除了老顾客直接购买愿望产品这个群体(当然如果要做细的话也可以考虑进去),针对以上两个需求,开发出陈列区域。

① 新品区域(图9-5)。这个区域一定是动态的,对于产品更新频率比较快的类目,相对来说比较好做,还有一个问题就是产品的数量,因为首页的空间是有限的,所以不能一股脑儿地把所有新品都往上堆,而应该把主推新品往前放。这里要注意的技巧是,一要重视缩略图的大小,淘宝上的店家基本选择220px×220px,两排8款。二是标题banner高度不宜过高,控制在30px以内。其三,为了激发新品的点击量,在banner上部可以设置一些助于提醒的因素,如:"您还有'12款'新品未查看"。这种提醒对增加新款的点击率非常有效。

● 图9-5 新品区域

● 图9-6 不同效果的banner的对比

② 店铺活动或者促销（图9-6）。这个内容在陈列的时候也有很多方式。如：活动banner引导到新标签页面、直接首页全屏展现活动内容、首页精选几款作为引导。下面分别对其进行介绍。

a. 活动banner引导到新标签页面。这个很常见，用色要少，元素要少，把活动主题突出来。很多刚毕业的美工，喜欢在banner上做很多特效，加很多与主题没太大关系的元素，这恰恰会分散用户注意力，达不到影响深刻的效果。

好的banner需要让人有点进去的冲动，这里有两个让人们记住的技巧，分享给大家：一是重复性；二是夸张。

重复性在设计里讲的是统一，如配色要统一，不宜经常变换颜色，就像人们现在看到绿色+橙色就知道是当当，看到淡绿色就知道是豆瓣，看到橙色就是淘宝一样。

其次是夸张，夸张的东西总是被人记住和好奇。一个人在大夏天走在路上时，突然一个穿羽绒服的人出现他面前，他一定会被其吸引。相信很多人在淘宝上看过一些令人叫绝的设计图片，如Mr.ing的那张透气图片（图9-7左），这就是一种夸张的表达，很容易让人记住。

掌握了夸张这个原则，在做创意图片的时候就能把握好思维的方向了。

● 图9-7 表达一个意思，哪一张图片令人印象深刻？

网店商品陈列设计 09

b.首页直接展示活动陈列的方式（图9-8）。每个类目的不同产品的消费者有不同的消费习惯。考量活动内容是直接在首页展示还是放到一个新的标签页？首先要考虑活动的目的，在旺季的时候，很多卖家即便不做活动其销售也已经达到饱和的状态了，此时如果为了做一些活动在首页直接展示产品内容很可能削弱原来正常的首页到产品页的流量（因为流量都集中到促销产品上了），如果活动并不是以利润为导向的，那么反而会降低销售额，还会增加大量的人力（如策划、发货等）。

卖家促销目的主要是拉流量、跑销量、甩库存。

● 拉流量。外面一个硬广告就可以带来滚滚的流量。可是如果不做好规划，横冲直撞则会打乱原来的销售节奏而得不偿失。因此，直接进入产品页面比较妥当，这样不会拖垮首页功能，而能直接带来转化率。

● 跑销量。跑销量主要是加快那些利润较低产品的周转率。这种活动销售部门看着挺开心，销量也在疯狂增长，但背后的成本却很大，而且还有可能导致退货差评等很糟糕的用户体验。所以在首页非主要位置上开辟一个区域，能容纳1～4款，偶尔实行秒杀或折扣活动，满足老顾客的低价购物需求即可。

● 甩库存。甩库存是一项长期的工作，从一开始就要规划好甩货的周期，在陈列规划上可以单独开辟一个页面，陈列的时候要有统一的识别符号，比如标题还有"促"等字样，缩略图要打上明显的标记，让购物者看一眼就知道是甩货。原价和现价都要标记清楚。长此以

● 图9-8 韩都衣舍在首页5周年的活动陈列

往下来,顾客自然就知道应该在哪里看店家的甩货,逐渐形成习惯以后流量自然就会稳定下来。

c.首页精选几款作为引导的活动。这种活动一般主体性比较强,而被选出来的代表产品也具有一定的性价比优势。为了吸引顾客而进行的展示,可以直接展示产品的缩略图(淘宝上直接展示首图),也可以自己制作广告图,一排放两到三个产品,一定抓住连续性,产品之间要协调。引入新页面的按钮也要巧妙地设置,通常都会用"更多××点此进入""猛点击这里"等等。这种类型的陈列最要紧的是产品的选择,所选产品一定要具有性价比,比如原价卖290元的现价卖120元,因此商家必须要有充分的空间来展示这种优惠差异,让顾客一眼就能看明白,价格这种数字要明显简单。很多初级的设计会把各种字体都搬上广告图,严谨一点讲,像价格这种严肃而且信息精准的东西还是不要去美化为好,用一般的helvetica字体或者微软雅黑字体即可。

9.2.3 陈列的目的是让顾客做出决策

这个原则可能字面上很难理解,下面通过对两种陈列的方式的介绍对其进行阐述。

如图9-9所示,左边的叫"同一空间毗邻陈列",右边的叫"同一空间沿时间陈列",正是这两种陈列方式决定了顾客的浏览习惯。以iPhone为例,其图标是按左边这种"毗邻陈列"方式展开的,用户在使用的时候基本是在决定进入哪一个程序。因为这种陈列把应有信息都陈列出来了,用户需要自己作决定使用哪一个。

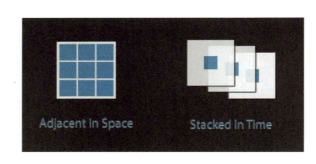

●图9-9 两种陈列方式

同样,在淘宝的店铺上如果希望顾客迅速对产品作一个判断并进入浏览阶段,毗邻陈列无疑是最好的方式。曾经淘宝上的很多店铺喜欢在首页上放一幅巨大的广告图,尽管广告图的效果大多都很好,设计很棒,但是这并不是一种明智的做法,当然排除那些宣传大于生意的店铺。这些商家应清晰地给自己定位,他们是在卖东西,而不是秀设计。所以与其制作通栏的广告不如好好的设计一个陈列模块,选上几款,并将必要的信息[价格(或原价)、收藏数、购买数、图片等]展示出来,让顾客迅速作出进入哪一个产品页面的决策。

在传统线下商场和专卖店，进入店铺是需要一个缓冲带的，目的是让顾客更快地了解店铺的结构，不至于被琳琅满目的产品弄晕。在首页头部一定要有合适的产品图形化目录导航，这个也起到一定的缓冲作用。千万不要出现一进来看到的就是秒杀、聚划算等各种乱七八糟的打折信息，让顾客感受到这个店铺没有整体感。

所以，不要迷信广告图和大篇幅设计（这些用来宣传还好，用于卖货就不行了）。很简单的逻辑，就像一个男人拿一朵花要送给他女朋友并且说这花很漂亮很香，和他拿两朵不同的花问他女朋友选哪一朵，显然后者更容易被接受。

那么，图9-9右边这种同一空间沿时间陈列的方式又有什么好处呢？

显然产品详情页里面就是这种陈列方式，因为这种陈列方式不需要店家立即作出决策，更多的时候是在吸收信息，所以此时可以把图片和信息独立开来，每一次空间展示的产品和图片，信息量要丰富而且专一。

所以这两种陈列方式一定要在不同的场合进行合理的选择。

9.2.4 在合适的位置推出主打产品

这是一个比较常识性的原则，这条原则可能最难做的就是合适的位置。虽然商家对自己的主打产品已经很清楚了，但是为这些产品选择最合适的位置却还需要一番调整和试验。有些店铺根据顾客养成的浏览习惯，在首页开头的地方推出店铺的主打产品；而有些店铺却会在每个产品详情页的首部都放上主打产品（图9-10）。

● 图9-10　京东主打产品的展示

陈列主打产品要注意以下几点。

① 要集中展示；
② 尽量放在新顾客进来的渠道口（这个不局限于首页，有些做硬广的产品页面也可以是进入通道）；
③ 主打产品的包装要显著；
④ 要展示主打产品的数据（如收藏量、购买量等）。

9.2.5 不要轻易更换动线和布局

一旦确立动线就不要轻易改动。

比如有店铺首页动线是这样的：导航—副导航—活动广告图—新款区域—主打款区域—产品主分类—分类陈列。一旦这条动线确定下来就不要轻易去改动，因为很可能影响到老顾客的浏览习惯。当然如果有更好的布局方式的时候一定要好好规划，然后慢慢改动，让顾客慢慢适应。理解起来就是一句话：充分尊重用户体验。

9.2.6 每个功能模块所展示的产品数量要合理

什么是功能模块？在首页横排8款产品的一个新款展示区域就是一个功能模块，在侧边展示的"浏览量最高的10款产品"或者"浏览过该款的人还浏览过"等也是功能模块。这个模块的数量是需要合理控制的，不是越多越好。顾客有一个浏览过程，基本就是扫一遍，因为如果仔细看，也会有看腻的时候。

所以要合理地展示一定数量的产品，像首页这种结构性很强的页面尽量精简，而在分类页这种展示页面就要多放。

9.2.7 陈列的图片规格既要节省空间又要清晰表达产品特征

陈列时最重要的是要表达出产品特征。像缩略图（主图）这种图片因为会被缩小，所以尽量让产品占据图片80%的空间，而且摆放的角度和表现的特征一定要清晰准确。这个要根据不同产品进行相应的调整。每个产品都有其卖点，要尝试将这个卖点在这种小方格图片中准确地表达出来。很少有顾客愿意看那些花里胡哨的东西，他们最终想了解的是产品本身，所以商家所要表现的主题也应该是这个。

9.2.8 陈列中巧用文字和数字的影响

例如，进入VANCL的页面，购物者感受最深的是它无处不在的价格数字，除了正常的价格标签外，醒目的价格数字会对顾客构成一定的购物氛围，潜移默化地影响着消费者的决策，所以在陈列中要巧用这些文字和数字。

9.2.9 每个陈列模块之间要有清晰的界限

每个模块都有其特殊的功能，就好比每个货架上展示着不同的产品一样，这个是所有商家都应该十分清楚的。所以要有效地区别这些货架，让顾客从这个模块浏览到下一个模块的时候有一个概念，不至于一圈看下来都不知道看了些什么。

通常用带标题的横条或者用不同色块、图形化的展示区域来区别。

9.2.10 不要滥用广告图

广告图在很多时候起到的是一种宣传作用，永远不要以为广告图能带来多少流量。广告图放在哪里很关键。如果广告图是挂在淘宝首页做硬广，那么迷信一下还是有回报的。而如果是自家店铺，大可不必打着大幅广告；稍微放几个小幅的宣传图片就可以了。在自家店铺里占据大面积的空间来展示一两款产品是本末倒置的行为。

9.2.11 把握陈列中引起购物欲望的元素

这种元素有很多种，如特点鲜明的价格标签、收藏数量、浏览数量、购买数量等。这些元素看似很小，却也能起到不俗的作用。因为从众心理的存在，如果顾客看到某款产品下边展示着大量浏览量和收藏量，一定会好奇是什么产品这么热门。

9.2.12 陈列中不可忽视的即兴消费

即兴消费就是顾客在正常的购买过程购买了不在计划内的产品。关联营销是一个促进即兴消费的手法，到了执行层面就是陈列上的设计，关联模块放在哪里，放哪些关联都是设计时要考虑的问题。现在很多卖家习惯将关联模块放在产品详情页的前面，其实这是极不尊重顾客的做法。本来顾客想要看的是A产品，结果先看了一大堆放在前面的推荐产品，往下拉了半天才看到他想看的产品。这是本末倒置的。合理的关联模块要放在顾客浏览界面的间隙，比如浏览完以后或切换到另外一个页面以后等，而不是阻碍顾客正常的浏览过程，强行插播广告。

10
移动购物 APP 设计

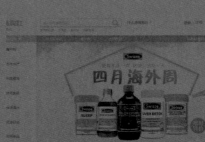

10 移动购物APP设计

10.1 移动购物的特点

移动平台的概念是从传统意义上的"产品"延伸而来的,是产品在新兴领域的延伸。但和传统行业领域的产品相比它还表现出一些新特点。

① 新兴行业,更加关注用户的行为习惯和潜在需求。传统行业经过上百年的发展,市场已经相当成熟,产品基本定型,一般只进行优化或改良设计;另一方面,其用户也比较成熟,形成了比较固定的使用习惯和思维方式,在产品设计上较易捕捉到用户的行为习惯和产品心态。而移动互联网作为新兴行业,其技术支撑和商业模式还不够成熟,行业环境可谓变幻莫测;对用户而言,移动互联网上的一切都新奇有趣,那么移动平台在设计上就需要不断推陈出新,找到用户潜在需求,主导用户行为习惯。因此移动平台设计的重点是对用户行为习惯的调研和潜在需求的挖掘。

② 产品免费用,更加注重用户体验。传统行业的产品,不论是实物还是服务,都是付出金钱才能得到的东西。由于付出了金钱,即使产品有不尽如人意之处用户也会使用一番,不会马上丢弃去买新的。而移动平台则不同,由于大部分的移动平台都是免费的,而且功能雷同的平台还有很多,如果用户觉得某个平台不好用可以立即卸载换一个新的。因此企业在移动平台产品的设计上会更加注重用户体验,真正把用户当作上帝来看待。一个比较典型的例子就是百度,将百度比作鱼,将搜索引擎的普通用户比作水,没有水就没有鱼,用户至上。

③ 多元盈利,更加注重市场细分。传统行业的盈利模式较单一,不论是直销还是渠道分销,都是通过销售产品本身赚取利益。反观移动平台产品,大部分是免费的,企业无法通过销售产品本身来赚取利益,只能创新盈利方式,盈利模式趋向多元化。当前主流的盈利模式有三种:第一种是广告收益,即利用用户的注意力赚取第三方广告费;第二种是直接卖产品收益;第三种则是各种增值收益,如服务、平台内购买等。不论采用哪种盈利方式,移动平台产品都是以满足特定用户群体需求为基础的。因此企业在移动平台产品的设计上会更加注重市场细分,把握目标用户群体的真正需求。鉴于移动平台产品表现出的新特点,企业在设计上应树立"以用户为中心"的理念,重视用户研究、把握用户需求,同时灵活运用现有的盈利模式,实现用户和企业的"双赢"。如果能在移动平台的设计中重视用户情感,运用情感化设计的理论和方法,势必能进一步增强企业的市场竞争力。

10.2 桌面端与手机端的设计要素对比

10.2.1 设备特征的对比

两平台设备特征的对比见表10-1。

表10-1 两平台设备特征对比

	桌面平台/笔记本	移动平台
设备系统	IOS 系统、Windows 系统	IOS 系统、Windows 系统、安卓系统
基于	浏览器	系统
设备尺寸	大尺寸	小尺寸
设备输入/输出	键盘、鼠标、触控区、摄像头(只能拍用户)、语音系统	语音系统、触屏、按键、重力感应、光环境感应、摄像头(可拍任何景物)、定位
辅助硬件	无线连接、有线连接、蓝牙	无线连接、蓝牙
辅助功能		通话、短信、闹钟、手电筒、导航
存储	内存大,可保存大量信息	内存小,保存适量信息
电量使用	电量充足,稳定	电量不足,不稳定
使用方式	坐下来使用	随时随地使用
携带	携带不方便	随身携带

① 从表10-1中可以看出,桌面平台购物网站依赖于浏览器,可进行存储、标记、撤销、多页面切换,而移动平台则没有浏览器功能上的辅助。

② 移动平台的优势在于"设备输入/输出"栏目下的多种输入输出方式,其每一种输入输出方式均与桌面平台有很大的不同。这在移动化过程中是比较重要的部分。在将操作方式合理移动化的情况下,要充分利用"定位""重力感应""光环境感应""录音"等内容的开发使用。

③ 移动平台和桌面平台一个很大的不同点在于携带性,移动平台的随时性决定了其应用产品的特征。

④ 移动平台与桌面平台另一个很大的不同点是"辅助功能",这方面桌面平台没有优势,而移动平台则有很多辅助的功能,在设计中可以适当地进行应用。

10.2.2 交互特征的对比

两平台交互特征的对比见表10-2。

表10-2　交互特征对比

桌面平台	移动平台
单通道交互形式	多通道交互形式
辅助交互特征	交互探索特征
交互动作少	交互动作绚丽
长交互路径	短交互路径

（1）桌面平台交互特征

桌面平台的交互主要是基于操作系统的图形界面交互形式，操作与反馈都有其固定的模式，交互特征比较固定（如表10-2所示）。

① 单通道交互形式　对于桌面平台网站，交互通道主要为视觉，偶尔会有听觉辅助，一般不涉及其他感官辅助交互。

② 辅助交互形式　桌面平台网站的交互往往有很多的提示性内容。悬浮效果告知更多信息，说明页面告知页面中存在的问题，按钮旁的辅助说明文字提示等，都属于辅助交互方式。

③ 交互动作少　桌面平台的交互动作较简单，主要有跳转、切换、弹出、滑出、联动动作、浮动、下拉框、复选项、弹出蒙版、弹出窗口等。

（2）移动平台交互特征

① 多通道交互形式　移动平台可以人的身体直接接触，因此可以通过多通道进行加强交互，主要的通道有声音、震动、手势、指纹识别、触摸、温度感应、频率感应、光感应、色彩等，这些通道的组合会形成独特的交互形式，带来高仿真的交互效果。

② 交互探索性　由于移动设备屏幕较小，页面信息展示有限，很多辅助的文字和提示均不可能放在页面内，因此交互行为具有探索性，用户在点触过程中可以发现可操作的交互行为。这种交互方式可以激发用户的探索欲，并且好的交互体验可以使整个产品的体验上升。

③ 交互动作绚丽　移动体验一个很重要的方面是其绚丽的交互动作。虽然在桌面端有的网站也会进行交互动作设计，但是鼠标移动与操作不能快速反应交互动作，使得这种交互操作变得比较被动，而移动平台的交互动作却能够和人的手部动作进行很好的应和，使交互感

更强。人们目前常用的交互动作有：旋转、翻转、空间转动、速度属性、加速度属性、弹力属性等，物理属性的加强使得交互动作更自然，更有趣味性。

（3）控件对比

两平台的控件对比见表10-3。

表10-3　控件对比

	桌面平台元素	移动平台元素
信息展现空间	图片播放流	图片播放流
单选控件	下拉框	开关控件
多选框	复选框	文字选择 图标选择
搜索	文字搜索框 搜索内容推荐	文字搜索框 搜索内容推荐 扫描搜索框 语音搜索控件
输入	时间选择框	文本输入框 时间选择框 手写输入框 语音输入框 图片输入框
链接	文字、图片链接 按钮链接	文字、图片链接 按钮链接 符号链接

（4）操作形式对比

两平台的操作形式对比见表10-4。

表10-4　操作形式对比

桌面平台	移动平台
单击	手触点击
双击放大	双击放大 双手指拉动放缩
右击（隐藏很多功能）	长按（显示更多功能）
滚动浏览（左右、上下滑动浏览）	滑动浏览（四个方向滑动有不同命令）

续表

桌面平台	移动平台
鼠标悬浮（展示更多信息）	无
点击关闭、返回关闭	点击关闭、返回关闭 滑动关闭 五指收缩关闭
点击+辅助键盘（文字选中）	长按滑动选中 双击自动识别选中
鼠标拖动	长按拖动 重力感应移动 滑动弹跳移动
复制粘贴文字、图片（信息存储）	复制粘贴文字 语音记录
滑轮滚动	手触滚动

（5）界面元素对比

两平台的界面元素对比见表10-5。

表10-5　界面元素对比

	桌面平台元素	移动平台元素
内容	文字、图片、视频、图片流动、链接、图标	文字、图片、语音、视频、图标
操作指示性元素	按钮、文字链接、图标、文字提示	按钮、图标、指示符号、文字提示

（6）导航形式对比

两平台的导航形式对比见表10-6。

表10-6　导航形式对比

	桌面平台导航	移动平台导航
导航形式	主导航、局部导航、栏目导航、关联性导航、全局导航、面包屑导航、快速链接、页脚导航、工具箱	主导航、局部导航、栏目导航、快捷工具箱入口
主导航数量	8～10个	4～5个
导航	深度导航形式	浅导航形式
导航扩展性	扩展性强	扩展性弱，空间位置少

（7）页面结构对比

两平台的页面结构对比见表10-7。

表10-7 页面结构对比

	桌面平台结构	移动平台结构
页面显示	显示15～20栏	显示3～9栏
结构栏目	两栏（三七分或者七三分）、三栏	单栏、两栏（均分）
单页扩展性	左右扩展、上下扩展	上下扩展、放缩扩展
结构扩展性	导航扩展、控件扩展、弹出蒙版扩展	导航扩展、空间隐藏结构扩展、滑动层扩展

10.2.3 购物情景的对比

桌面平台与移动平台购物情景的不同点见表10-8。

表10-8 桌面平台与移动平台购物情景特征对比

桌面平台使用情境	移动平台使用情境
室内环境	室内、室外环境
相对稳定的环境	稳定性与不稳定性共存
多为舒适的环境	任意环境
床上、沙发上、电脑桌旁	床上、沙发上、移动中、交通工具上、途中、等待中
多任务交叉情景	任务集中性
抗干扰灵活性	干扰中断性
长时间持续性	短时及时性

① 购物网站桌面平台使用情景：

a. 稳定的网络环境　桌面平台购物网站基本都是在稳定的网络环境下使用的，页面加载相对比较快，大量的图片和文字信息能够快速地显示出来，而且在任务中断再进行的反复过程中，网页内容可以有很好的保留，事件连续性比较好。

b. 稳定的室内空间环境　桌面平台的设备特征决定了其使用情景为相对稳定的空间环境，主要是室内环境。并且要求有足够的空间来确保设备的放置和用户的正确使用姿势。用户一般的使用状态为，坐在电脑桌前、站在相对比较高的桌子旁使用、坐在床上将电脑放在腿上或小桌子上。这种稳定的室内空间环境对任务的干扰性比较小。

c.多任务交叉情景　在桌面平台进行网络购物行为时，可多任务交叉进行，如边购物边聊天，边购物边听歌，边购物边观看视频，边购物边工作都是可以实现的，并且任务切换比较方便，有的任务可以同时进行互不干扰。

d.抗干扰灵活性　桌面平台的抗干扰性比较强，面对不可预知的事件可以采取灵活的处理方式，比如快速将电脑待机、将浏览器最小化或者直接转换到其他任务窗口，还可以进行页面的存储和编辑。

e.时间持续性相对长　在桌面平台进行网络购物行为的持续时间是很长的，一般都会在半小时以上，因为用户从目标确定到物品锁定的过程中，需要大量的时间。

② 移动平台购物应用使用情景：

a.无空间局限　移动平台的便携性，保证了其使用情景的无空间局限性，只要用户手里拿着手机或者平板就可以进行移动购物行为。

b.短时性　在移动平台进行购物行为的时间一般不会超过半小时。用户对着手机或者平板的时候，头部下垂，手部和肩膀一直处于固定状态，一方面疲惫的身体会使用户注意力转移，另一方面用户使用移动平台多为移动情景，而移动情景有很多的干扰性存在。

c.情景多样性与随意性　移动平台的便携性使得用户可能存在的使用情景比较多样，如既可以在舒适的室内，也可以在移动中的室外，并且使用起来是很随意的，随意无目的性地打开看看，再随意地切换到其他应用。

d.及时性　移动平台的使用情景有时候是有及时性的。在急需一件物品，但是身边又没有电脑的情况下就会使用移动平台购物应用，并且一般时间比较紧迫，因此移动平台快速操作是一个很重要的要素。

e.抗干扰性弱　由于移动平台不像基于浏览器的网页，会有很多由浏览器提供的附加功能。比如"返回功能"，网页从来不会找不到返回按键，而移动平台应用的返回则是一个独立的导航入口，一般放置在左上角，只有点击返回才能回到上一路径节点，当信息干扰将返回按钮挡住时，用户就会不知所措，因为其返回路径最明显的只有这一条（图10-1）。因此，在移动平台上不可预知的干扰比较多，详见表10-9。

● 图10-1　移动平台上不可预知的干扰

表10-9　移动平台体验中常遇到的干扰

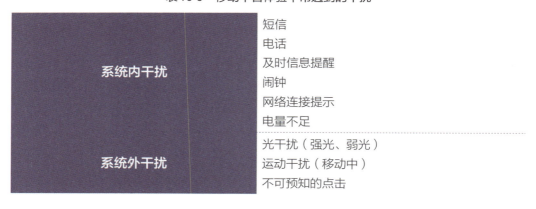

10.2.4　购物流程的对比

（1）桌面平台用户购物流程

① 流程严谨。桌面平台网络购物流程（图10-2）比较严谨，需要用户对每一个环节进行操作，是一个比较流畅的购物流程，只是过程有时比较烦琐，如物流查看、收货、退换货这些环节就是一个比较复杂的过程，会使购物流程时间比较长。

② 购物时间长，具有连续性。
③ 部分环节的跳跃性。
④ 对商品的搜索和确认环节具有多途径交叉进行的特点。

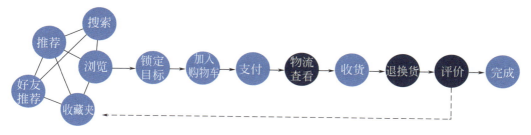

● 图 10-2　网络购物流程

（2）移动平台用户购物流程

① 即时消费。例如通过移动平台购买电影票和火车票时，可进行即时消费，而在网上购买这些商品的即时性就没有那么强。
② 部分环节的跳跃性。
③ 对物品查询和锁定的方式具有线性特征，各个通道间几乎没有交叉。
④ 短流程。用户在使用移动平台进行购物时，产生购物行为的一般都是短流程操作。

（3）移动购物流程要点

① 移动平台购物流程（图10-3）与桌面购物流程在常规流程方面，差别不是很大，但是移动平台的购物方式与桌面端也有很大的不同，移动平台的短流程是需要加强的，也是设计比较侧重的地方。例如用户喜欢直接从购物车内进行支付，直接从收藏夹内进行选择和支付，而不是按照常规的方式先搜索浏览再进行购买行为。这在使用情境中也能很好地体现，在桌面端购物用户使用搜索功能比较多，而在手机端，由于设备局限性，输入搜索不方便，用户偏向通过浏览查看而引发购物决策。

② 流程的即时消费特征。可以针对用户的即时消费情景进行相关功能的加强。

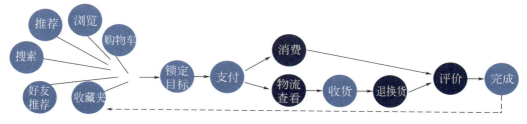

● 图 10-3　移动平台购物流程

10.2.5 购物任务的对比

用户的移动与任务的移动是相互引发和制约的。因为任务的改变,用户进行了移动化,同时用户的客观移动也导致了任务的变化。任务的移动化主要包含着目的和需求的变化。图10-4展示了移动化的主要任务关系。桌面平台与移动平台购物任务的特征对比见表10-10。

● 图10-4　主要任务关系

表10-10　桌面平台与移动平台购物任务特征对比

桌面平台任务	移动平台任务
目标变化性	目标明确性
任务连续性	任务即时性
显性任务特征	隐性任务特征

（1）桌面平台购物任务特征

① 目标变化性　由图10-5可以看出,两个平台对于任务目标搜索的模式区别。桌面平台的目标更具有变化性,会根据搜索的进行而不断变化,如在进行"目标1"的查询过程中,会跳到"目标2";而在移动平台,由于受环境和时间限制,任务确定的时候,目标是明确的,在任务进行过程中,目标几乎不会有变化。

② 任务连续性　桌面平台的使用环境比较稳定,并且购物行为具有连续性特征,用户会在买了一件东西后,还想看看别的东西,容易进行购物时事件任务的连续性。

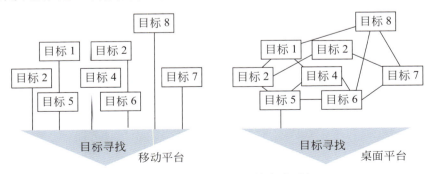

● 图10-5　两平台目标寻找方式对比

③ 显性任务特征　桌面平台的显性任务特征主要是针对移动平台而来的，在桌面端，任务是比较明确的，可进行的任务有"搜索""收藏""支付""分享""对比"等任务。这些任务都是显而易见的，并且根据网站架构而产生。

（2）移动平台购物任务特征

① 目标明确性　通过与桌面平台任务的目标变化性的对比可知，移动平台在任务开始的时候，是有明确的目标的，并且在进行任务操作的过程中，几乎不会改变任务目标，也很少会根据已有目标而进行目标的扩展性和流动性创建。

② 任务即时性　移动平台的任务据有即时性。移动平台的任务流程比较短，任务时间有限，因此不会长时间进行任务的思考和任务的关联性实施。短任务流程的移动平台对交互设计有很高的要求。

③ 隐性任务特征　移动平台任务最具特色的是隐性任务特征，因为它体现了该平台的强移动性。移动过程中的需求与稳定环境中的购物需求是不同的，移动过程中存在很多潜在的购物任务，这些任务隐藏在用户的目标中。大多数情况下用户也不了解如何能够实现目标和任务，这就需要进行隐藏任务的挖掘。隐藏任务的挖掘，可以从以下几个方面考虑。

a. 从目标转化的概念考虑；
b. 从目标的本质目的考虑；
c. 从用户角度考虑。

10.2.6 购物服务的对比

移动化的服务主要是从产品定位和产品战略层的角度来进行考虑的。桌面端产品与手机端产品的服务具有可持续性和独立性。这里提出的服务概念，是要从服务的角度来定位产品的概念。想要将两个平台连接起来又让其有所不同必须有服务的理念。

（1）网络购物服务分析

网络购物的服务模式是根据其商业模式确定的，主要的移动购物模式有C2C模式（顾客对顾客的形式）、B2C模式（商家对顾客的形式）、O2O模式（即online to offline，是指将线下的商务机会与互联网结合在一起，让互联网成为线下交易的平台）。在这些商务模式下，就是网站的基本服务，用户可以在网上购买商家的产品，在完成订单、支付后即可等待产品的到达，不需要过多的其他考虑，只需要鼠标的移动和点击就可以实现。购物网站的服务需要创新和简单化，让用户避免多余的麻烦，比如产品的退订、产品的投诉等内容也都应该包括在产品服务的范畴内。但是目前对于这样细节化的服务需求，购物网站做得还不是很到位。

（2）桌面平台网站服务分析

桌面网站的产品服务相对比较全面，可以查看产品具体的信息，并且进行即时搜索和对比，进行保存和分享，能更快地查找到自己想要的信息。桌面端网站的信息化是手机端很难超越的。桌面端也存在局限，因为每一个小的需求都需要打开网页然后进行操作，而所有的操作都要在用户的主动控制下才能实现。桌面端网站的预存信息空间比较大，可以大量储存用户已经浏览的信息，能够给用户很好的位置指示。

（3）移动平台服务分析

服务存在的基础，包含手机硬件条件、移动定位条件等。客户端的服务基础决定了其服务的特点和优点：可以即时提供产品消息，可以即时查阅相关信息并进行相关操作。客户端还可以提供个性视觉的定制，可以非常生动地体现一个产品的特点，而桌面端网站的视觉特性一般相对固定，具有一致性，很难改变并进行个性定制。手机端反馈方式多样，可以采用声音、色彩、震动或者混合形式，而桌面端的反馈方式比较单一，很难有所突破。

总而言之，移动化服务研究的主要内容是服务的可持续性和可创新性。其中，可持续性是指在桌面端网站的服务或者主要服务需要移植到移动客户端，并且以更加亲切的方式来进行移植，使其达到一致性和可持续性。而移动客户端又可以在移动设备自身特点的辅助下形成有自身特点的、可创新的服务，例如通过拍照来进行产品的搜索、通过截图来进行产品的收藏等。

10.2.7 用户习惯的对比

（1）购物行为习惯

两平台购物行为习惯的对比见表10-11。

表10-11 桌面平台与移动平台购物行为习惯对比

桌面平台	移动平台
刺激性购物（强）	刺激性购物（弱）
冲动消费（弱）	冲动消费（弱）
多搜索查询	多收藏浏览
进行收藏	即时浏览

10 移动购物APP设计

由表10-11可知，购物行为习惯在不同平台也是有区别的。在桌面平台使用搜索和收藏的频率比较高，而在移动平台用户对已有信息的浏览比较多，例如对已收藏店铺上新内容的浏览、对物流信息的浏览等。在进行物品浏览查询的时候由于网速和屏幕空间的局限性，浏览的数量有限，进行收藏的行为也比较少，浏览属于即时浏览。

（2）操作习惯

用户长时间的操作会形成操作习惯，例如双击图片就可以将图片放大，这个操作习惯在移动客户端同样适用。在操作的移动化设计中，要考虑用户在桌面端网站的操作习惯，分析其操作的方式——是一次动作完成还是两次动作完成，是即时显示结果还是需要等待才能显示结果——这些都是用户的习惯，会影响用户对新产品的认知和操作。两平台购物操作习惯的对比见表10-12。

表10-12　桌面平台与移动平台购物操作习惯对比

桌面平台	移动平台
搜索关键词更换	搜索关键词更换
关闭和新建	返回
物品多要素对比（强）	物品多要素对比（弱）
鼠标悬停查看更多信息	无

如图10-6所示，在所有设备上，用户都希望通过简单的单击操作就能够完成视频回放。所以桌面模板将视频文件直接嵌入页面中，而移动模板仅仅显示一个缩略图，两者都只需要通过简单的单击操作就可以开始播放视频。在移动设备上面使用缩略图可以使得视频加载速度更快，并且能够更好地控制页面布局、像素尺寸。

用户购物操作习惯的移动化，重要的不是操作习惯模式的建立，而是不同设备系统的操作特点，因此不宜将操作习惯直接进行移动化。

（3）阅读习惯

两平台阅读习惯的对比见表10-13。

● 图10-6　不同平台视频播放

223

表10-13　桌面平台与移动平台阅读习惯对比

桌面平台	移动平台
从上至下	从上至下
从左至右	从左至右
读图倾向	读文倾向
跳转型阅读（强）	跳转型阅读（弱）
动态视觉集中	动态视觉集中

用户的阅读习惯比较一致：喜欢阅读图片和色彩比较鲜亮的信息，对信息有关联性筛选的阅读习惯，浏览式阅读。用户的阅读是短暂的、粗糙的、流动的。因此在信息设计的过程中要保证信息的逻辑性自然流畅，以减少用户阅读障碍。用户的浏览习惯同样很难改变，用户会保持纸质阅读的一般习惯，从上到下、从左到右、跟随指示性信息进行浏览，并且浏览具有跳跃性、重复性。这些阅读和浏览习惯直接关系到产品的设计和用户体验的效果。了解用户的阅读思维过程才能更好地评估产品的品质。由表10-13可以看到两平台阅读习惯最大的区别点在于桌面平台是"读图倾向"，而移动平台是"读文倾向"。在购物网站移动化的过程中，图片上比较重要的信息属性，在移动客户端应该更好地展现，使读图在小屏幕上仍然很舒适。

（4）设计启发

① 移动化要尊重用户的视觉习惯　用户的视觉习惯，主要指用户通过桌面端网站对品牌视觉所形成的视觉认知印象，看到相应的视觉特点进行概念联想。桌面端网站的移动应用化需要与传统网站的视觉特性有一定的关联性，即要考虑视觉系统和品牌标识在产品设计中的应用。

● 图10-7　用户操作指导

② 移动中不断培养用户习惯　图10-7是一个简单的操作说明，主要是在引导用户使用的同时，也培养用户习惯，从而让用户接受新的交互方式和新的产品概念。因为在移动端进行操作的主要是手，而不是通过鼠标的点击，手势的识别会完成不同的任务。

习惯使人们可以把这些反射作用应用到不同的环境中，然而并不是说对待每一个问题都要毫无条件地死守这些习惯。当某种不同的方式有很明显的益处时，可以尝试着谨慎地违背一些习惯。

③ 运用操作习惯模型进行交互动作的移动化探索　平台间操作移动化方案是可以多样化的。桌面平台的文字选中，需要用鼠标进行"点击拖动"操作，才能将文字部分选中；在移动化中目前可采用图10-8左边的方案1，长按文字区域，将文字选中，并将隐藏功能显示出来，而图10-8右边的方案2，则是通过"点触滑动"来选中可选的文字，看似与桌面平台一致，其实其体验感却要更好一些，因为手触直接反馈的形式，比较符合习惯和心理模型。

● 图 10-8　用户操作引导

用户在桌面平台的操作心理模型是可以复制到移动平台的，在移动平台适当地运用这种模型，会加强用户的习惯认知。

10.3　移动购物APP界面设计的基本原则

10.3.1　物品信息多通道应用原则

桌面平台购物网站的物品信息主要是图片和文字，然而在移动平台上图片记载和展示是没有优势的，所以应该从移动设备的特征进行考虑，将多通道运用到物品信息展示方面。这样一方面可以节省空间资源，另一方面会使手机端有更好的体验。

① 通过移动客户端语音通道进行物品简介和物品属性的展示。可以将通过视觉无法完全了解物品信息的部分通过语音进行介绍，比较有真实性。另一方面以声音为主要要素的物品，可以直接通过音频来展示其声音属性。

② 用图片与声音的结合来体现产品属性。图片具有环境性和时间性，可以通过合适的音频效果来展示物品的形象。

③ 物品信息动态展示。桌面平台购物网站上展示的产品信息容易和实际产品有很大的差

别，主要原因在于其只有物品参数文字的展示和相关图片的展示，而物品参数需要精确的计算和了解才能准确地感知物品的材质和大小等属性，图片展示的也只是一种静态效果，很难将产品的整体感觉展示完好，因此经常会有人抱怨，买的东西和网上的不一样。如果将物品信息进行动态展示，就可以从各个角度和情景下对物品有一个准确的认识。动态展示的方法有视频上传、图片动态效果等方式。

④ 自然属性添加。给物品添加自然属性，例如有弹性的服装，可以根据其弹性参数，对其数字化表现进行自动形成。用户通过手指的拉伸、缩放就可以知道其弹性的大概范围。这种方式是将物品的物理属性数字化显示。

10.3.2 物品展示趣味化原则

移动平台屏幕的局限性影响物品的展示数量和展示效果，虽然通过设计很难改变这种现象，但是仍然可以通过趣味性设计让用户在信息浏览中得到与桌面平台不同的体验。体验的刺激性可以让用户花费更长的时间在屏幕浏览上，从而减少用户不停翻页所带来的乏力感。

如图10-9所示，支付虽然是一件很严肃的事情，但是移动支付的特点可以让它更有趣味性，并且不会显得很俗气。这种让用户之间的沟通更加惊喜、趣味的设计是购物移动化中应该采用的。

移动端的一个特点是可探索性，而且体验感比较强。用户在用手点触、划动等过程中就会触发动作，这些动作又会带来相应的反馈，如果在页面一些地方设计上惊喜的反馈方式，会给用户带来很多的乐趣，并且会鼓励用户进行很多页面的操作行为。用这种方法鼓励用户的欲望探索，是一种很有效的方式，就像手游一样。

● 图10-9 支付平台的趣味设计

用户在游戏过程中享受的操作带来的强娱乐性和重力感应带来的强反馈性等体验，会使用户沉浸其中，并且刺激用户产生更多的操作。如果一个游戏很难玩并且没有很多的反馈，用户得不到成就感，就不会继续进行。所以一个产品如果带给用户的不是成就感，而是挫败感，用户就会很快逃离这种痛苦的体验。想要做出有成就感的设计，可以从小的操作交互上进行考虑。

① 为深层次的交互探索，设计小小的惊喜；

② 为常用枯燥的交互操作，进行幽默设计；

③ 为鼓励用户使用新迭代功能的操作，给予他们区别于其他操作的反馈形式。

● 图 10-10　Path 商店自然交互展现

用户在使用产品的过程中对页面施加其他物理行为时，页面可以通过物理反应反馈，提供自然的体验环境，增强人机的交流，使产品变得有生命，有亲切感。就像 Path 商店的页面（图 10-10），如果用户不小心摇晃了这个页面，商品就会随之摆动，因为每个元素都增加了同一方向的重量属性，使用户在进行操作的时候会感到很有趣，并会常来光临此页面。因为惊喜会增加用户的黏度和记忆。

10.3.3　图片流加载预体现原则

不论是在购物网站中还是在移动购物应用中，图片是物品展示的一种必要元素。但是对于移动应用来说，网速的不稳定性经常导致图片在加载过程中出现停滞现象，造成不良体验。在这个问题上可以将图片进行预加载设计，使图片慢慢反馈，否则用户在长时间内没有看到相应的反应会很失望，并且会很快离开此页面。在 Pinterest 应用中，图片的预加载方式是先将图片颜色进行展现，然后再慢慢地进行图片加载，先让用户感知图片的大概内容，这样用户就会对图片的加载有更多的耐心，并且产生兴趣。

① 颜色预加载　颜色加载与 Pinterest 中的加载方式相同，就是先展现图片的色彩趋向，或者加载模糊的图片，让用户了解到，图片正在慢慢地展现出来。

② 文字预加载　在物品展现列表内不会只有单独的图片展示，同样重要的还有文字的展示和图片相关信息的说明，文字加载速度很快，因此在图片加载过程中，可以先将文字展示出来，先让用户对图片内容有一个简单的了解，然后再展示图片内容。这种方法虽然并不是一种非常好的方法，但是也是一种可以使用的策略。

③ 先加载后展现　一般情况下图片加载均是先显示出一个图框区域，然后再慢慢加载图片，大片的图框显示会让用户抓狂，用户会觉得好多内容需要加载，需要等待很长的时间，容易形成焦躁的情绪。图片加载完后再显示就不一样了，用户看到的一张一张图片都是完好的，没有空白的图框展示，而用户在浏览上面图片的时候，可以继续加载下一个图片。这样的方式会减轻用户的烦躁情绪，对图片浏览体现是一个很好的改善。

④ 惊喜的加载动画效果　加载就是等待的过程，为了让用户在这时间不定的等待过程中，不会感到烦躁，可以将注意力放在加载动画上面。用户因为好玩的加载动画的惊喜，会对图片加载的不稳定性现象有一个良好的态度（图10-11）。加载动画可以从幽默、自然、渐进式、变化式等方面进行设计。

● 图10-11　某品牌生鲜类型APP的加载动画

10.3.4　界面重构中信息自然关联性原则

桌面端网站在产品移动化过程中，会因为移动设备屏幕空间和移动体验创新的考虑，将桌面网站的架构信息进行重构。重构过程中的信息表达需遵循信息表达的自然关联性原则，不能将其进行完全的替换，若其表达不准确，则应该在多平台上进行同步更改。在不同平台上使用不同的信息表达，会给用户造成困扰，使用户对信息的记忆产生混乱，进而影响其对界面的识别和对功能的感知。因此在进行界面重构的过程中，信息表达可以有关联性地进行改动。由于界面空间问题，信息改动是不可避免的，但是要在不影响用户理解和记忆的情况下进行改动。

从图10-12中可以看到，用户在使用淘宝购物网站的过程中，常常会到"已买到的宝贝"中查看已经生成的所有订单，然而在其移动化界面中，却将这个功能的名称变为"我的订单"这样一个标签，使相同的信息在表达上完全不一样。而在网页端中的"我的订单"的定义是用于筛选订单的一个下拉框，标签定义混乱是一件让用户头疼的问题，需要花时间去探索才能弄明白标签的含义和定义。

移动购物APP设计 10

● 图 10-12　淘宝订单模块的移动化

① 在对用户习惯且使用频率很高的标签进行再设计的时候，可将其内容进行简化设计。例如将"已买到的宝贝"改为"已买宝贝"，这样用户就会很快找到并理解这两个信息的一致性。

② 可将表达不合理的标签在不同设备上同步更改。

③ 在移动化界面重估、标签空间位置进行合理引导的情况下，可以将原标签的信息进行更改。

10.3.5　元素展现中缩短用户信息思考流原则

所谓移动性就是具有及时性、切换性的移动化要素，例如及时消息、通信功能、物流信息等比较独立的信息会在移动平台上进行即时性展示，然而在展示过程中各种信息往往太独立，缺少了信息的联系性，因此需要对类似信息进行关联性设计，以缩短用户信息思考流。

界面中的每个元素的信息都有上下文联系，不仅体现在深度的行为探索上，也体现在广度的信息扩展上，既体现不同层级的关系，又表达同一层级的信息关系，以缩短用户的信息思考流。信息的上下文关系如图10-13所示。

由图10-13可知，同级别的信息之间会有一个扩展连续性，当前页面中的任何一个信息点都是与其同一空间层级的信息相联系的。信息之间既有辅助表达的作用，也有阅读引导的作用，可以引导用户的阅读和认识流，因此应该多考虑同级信息之间的关系和联系。不在一个层级的上下文信息的关系应该更多地考虑信息跳转的隐性设计，让用户通过元素和阅读了解到上下文关系。

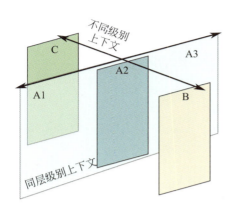

● 图10-13　交互元素上下文关系

● 图10-14　手机淘宝中旺旺即时沟通工具元素展现

图10-14为手机淘宝"我的淘宝"页面，旺旺沟通工具在手机端是一个很好的移动功能，因为它非常符合沟通的即时性与方便性。淘宝旺旺的自然层体现是一个用户可识别的用于社交和沟通的图标符号，并且当有新消息的时候会有提醒。在这样一个行为语义指示和习惯性操作指示下，用户会点开查看最新的旺旺消息。按照用户对信息的上下文理解来探索，用户在点开这个消息后到进行下一个操作前的反应动作流程是：看到信息查看提醒，点击查看，查看详细信息，对信息进行整理和思考（信息对哪个事件进行连接，信息对用户行为的影响，进行接下来的行为）。按照用户的这种思考方式查看界面中内容的现实是否符合用户的思考上下文内容，是一种对信息正确表达的验证方式，也是一种合理的设计方法。然而图10-14中旺旺信息展示的内容是不符合用户信息思考流程的，这些消息只展现了重要的阅读内容，却没有将内容的关系表达出来，发信人的信息只显示旺旺名称不符合用户心理记忆的内容。用户一般只记忆跟购物相关的内容，比如买的衣服的名称和图片，而不会去记店家的旺旺。在桌面端的网站产品中，用户是在购买物品的页面使用每个店家的旺旺进行咨询的，因此对信息关系不用做太多的考虑和记忆。但是在网站延后查看和移动客户端，信息关系就显得很重要，一个信息的正确展现是必要的，若此时用户还需要对信息进行自我思考和查证那将会是一个不良体验的展现。

10.3.6　浏览页预测用户潜在意图原则

　　移动体验的魅力在于用户不断地探索所带来的无限乐趣。桌面端体验的用户反馈与输入的方式有限，只能通过鼠标和键盘来表达自己的意愿。而手机端的用户反馈和输入方式是通过与智能设备的直接接触实现的，其轻按与长按所表达的意愿是不同的。轻快的点击表达的是清晰明确的选择和情绪。而长按或者缓慢点击的行为则表明用户对这个选择是迟疑的或者否定的，如果此时界面给出的反馈与快速点击时的一样，则不符合用户的下意识，会让用户有很强烈的挫败感。

用户的下意识反馈交互是值得研究的领域。

① 操作特征　包含用户基于设备所做的操作。如用户插着耳机在听东西，这时候就应该把产品的音效自动改为静音，或者将耳机的音乐自动关闭，否则两个声音相互干扰，会带来不良的听觉体验，而用户接下来的下意识动作就会是去关掉一个声音，所以在设计时就应该想到用户的这种意图，让系统在类似情形下自动关闭一个声音。

② 环境特征　主要为光环境，用户处于不同的光环境下可以对手机端进行合理的智能调整。其次是温度环境，用户所处地区的温度一般通过互联网进行判断，用户在不同的温度环境中，想看到的东西是不同的，比如在冰冷的环境中，人们会喜欢看一些暖色的东西，而不是冰冷的颜色。移动设备是可以感受到速度的，其所处的速度环境也是对用户进行预测的一个因素。比如在高速度运行下，应用应该关闭或者有一定的提示。

③ 所处时间　根据用户使用产品的时间，判断用户的可能需求，并给予相应的反馈。时间对用户潜在需求的预测是很重要的一个要素，用户处于早上、中午和晚上对于产品的需求是不一样的。比如在夜间，产品的声音提醒可以适当地进行调整。再比如用户在周末或者假期的下午的需求往往与娱乐和餐饮有关，可以根据产品相应用户群体进行研究，得出其时间属性。

物品浏览的过程是一个比较复杂的过程，其间既需要看到物品的关键信息，又要看到物品的详细信息、评论、购买说明等内容。可以根据用户潜在的意图反应，来引导和触发信息的浏览内容，例如用户看一个图片时间较长时，可以将产品的其他信息自动展示出来，当用户用手指去阻止信息变化的时候，表明需要详细查看一下此处内容，可以将此处内容进行放大显示。

10.4　差异化定位

激烈的市场竞争引发了大量的抄袭模仿行为，技术创新只能带来短暂的领先优势，其后就马上堕入同质化的海洋。怎样创造出与竞争对手不同的差异化特色，已成为摆在营销者面前的一大难题。差异化定位是指企业对自身产品在特殊功能、文化取向及个性差异上的商业性决策，它是建立一个与众不同的品牌形象的过程和结果。

差异化的实质就是给顾客一个购买理由，即为什么买你的而不买别人的。这就要求企业努力聚焦，把一件事做到极致，凭借别人无法企及的某种特色来赢得客户。

营销者想要实行差异化定位必须做到：深挖核心用户需求的痛点，快速响应个性化需求，维持、培育忠诚用户，提升用户满意度，以原创品牌、潮流品牌为市场切入点，差异化布局市场，规避正面竞争，在深耕中低品牌市场的同时，尽量开发高端市场。

总结起来，差异化定位就是要提炼产品的卖点。实施差异化定位可以从以下途径入手。

10.4.1 原料差异化

依云矿泉水是世界顶级矿泉水，据说每滴依云矿泉水都来自阿尔卑斯山头的千年积雪，然后经过15年缓慢渗透，由天然过滤和冰川砂层的矿化而最终形成。

凭借大自然赋予的绝世脱俗的尊贵，加之成功治愈患病侯爵的传奇故事，依云矿泉水成为纯净、生命和典雅的象征，以10倍于普通瓶装水的奢侈价格进行销售。

哈根达斯宣传自己的冰激凌原料取自世界各地的顶级产品，比如来自马达加斯加的香草代表着无尽的思念和爱慕，比利时纯正香浓的巧克力象征热恋中的甜蜜和力量，波兰的红色草莓代表着嫉妒与考验，来自巴西的咖啡则是幽默与宠爱的化身，而且这些都是100%的天然原料。"爱我，就请我吃哈根达斯"，自1996年进入中国，哈根达斯的这句经典广告语就席卷了各大城市。一时之间，哈根达斯成了城市小资们的时尚食品。而哈根达斯的定价却让工薪阶层咋舌，最便宜的一小桶也要30多元，贵一点的冰淇淋蛋糕要400多元。

国内企业方面，养生堂买断了浙江千岛湖20年的独家开发权之后，发动了针对纯净水的舆论战。广告词"农夫山泉有点甜"带有明显的心理暗示意味，为什么甜？因为是天然矿泉水，因为含有多种微量元素，所以在味道上不同于其他水。又如蒙牛、伊利等很多广告将来自大草原的优质奶源作为卖点，而天天果园则将自然环境下生长的水果作为卖点（图10-15）。

10.4.2 设计差异化

苹果公司的产品一向以设计见长，随着iMac台式电脑、iPod音乐播放器、iPhone手机、iPad上网本的发售，一个个让人耳目一新的产品冲击着用户的心理防线，将苹果品牌变身为时尚与品位的先锋。

Swatch手表创新性地定位于时装表，以充满青春活力的城市年轻人为目标市场，以"你的第二块手表"为广告诉求,强调它可以作为配饰搭配不同服装,可以不断换新而在潮流变迁中永不过时。Swatch的设计非常讲究创意,这使其以新奇、有趣、时尚、前卫的一贯风格,赢得"潮流先锋"的美誉。而且Swatch不断推出新款,并为每一款手表赋予别出心裁的名字,5个月后就停产。这样使其个性化的色彩更浓,市场反应更加热烈,甚至有博物馆开始收藏,有拍卖行对某些短缺版进行拍卖。

● 图10-15　天天果园APP——触手可及的新鲜

极客美家(图10-16)成立于2013年,在过去几年里,发展势头迅猛,并且在2015年7月时,形成了从设计、建材电商到施工监理等一条龙的产业链布局。然而,对于一个只有10来个运营人员的团队来说,冗长的产业链让他们手忙脚乱,不能保证用户体验。经过半年多的思考与调整,如今他们毅然砍掉了后端施工部分,专心做设计师与用户的联结者,让小白用户能更好地定制自己的家。据了解目前做前端设计师的创业公司还有窝牛、设计本、酷家乐等,而极客美家的不同点在于它只专注于装修设计这件事情本身的效率,从而让设计师与用户之间的连接更加高效。

● 图10-16　极客美家——现在开始为您的新居装修做准备

极客美家平台将设计师分为三类:普通设计师、极客设计师、城市名人。普通设计师是通过极客美家线上审核资质的设计师,收费标准为29元/m²,无平台担保,目前有2万名。极客设计师是与极客美家签署书面协议的设计师,定价79元/m²,拥有极客美家平台担保资质,目前有2000人。最后一个城市名人属于顶级设计师,数量更少,以每个城市1～2名的形式分布在全国30多个城市中,定价也更高,在200～300元/m²。

极客美家网隶属于北京极客易品科技有限公司,是基于数据的O2O本地化一站式家装服务平台。它是一个为了满足装修建材家居市场而建立的互联网平台,该平台以用户装修需求为前提，本地供应商为基础，提供优质的家庭装修系列配套服务，是集设计、装修、建材、家居领域为一体的本地化电子商务网站。

极客美家一直致力于实现用户在居住环境上的奇思妙想，并且率先提出"云装修"的概念。云中之家，触手可得，他们对云平台上每一张效果图都进行了本地模块化处理，并联合了本地优秀的施工单位以及本地性价比最高的建材供应商，从建材搭配到施工工艺都进行了精准的分析，预算和工期一目了然，使得每一张美轮美奂的家居图片都可以在用户所在的城市完美落地。

10.4.3 工艺差异化

真功夫快餐挖掘传统烹饪的精髓，利用高科技手段研制出"电脑程控蒸汽柜"，自此决定将"蒸"这种烹饪方法发扬光大。为了形成与美式快餐完全不同的品牌定位，真功夫打出了"坚决不做油炸食品"的大旗，一举击中美式快餐的"烤、炸"工艺对健康不利的软肋。

在环境危机日益加重、人们健康意识不断提升的情况下，乐百氏纯净水"27层净化"的口号，能给焦虑的人们带来稍许安全感。

蛋白是一个关于营养的轻时尚社区，蛋白旗下电商APP"跟谁买"是一款联合专业买手，精选优质美食的购物APP，还有充满暖心故事、丰富知识和爆笑段子的精彩短视频和优质图文内容，真正从视觉、味觉、听觉等全方位满足吃货的需求之余，还乐于分享精致生活方式和独特美食体验。

10.4.4 渠道差异化

戴尔电脑的网络直销消除了中间商，减少了传统分销花费的成本和时间，使库存周转与市场反应速度大幅提高，而且能够最清晰地了解客户需求，并以富有竞争力的价位，定制和提供具有丰富选择性的电脑相关产品。想订购的顾客直接在网上查询信息，5min之后收到订单确认，从产品下生产线装上载货卡车，通过快递网络送往顾客指定的地点不超过36h，随着互联网技术的日益普及，利用网络渠道营销的企业越来越多，比如携程旅行、凡客诚品服饰和淘宝等。

安利和雅芳的人员直销，与走大卖场、专柜路线的化妆品和保健品形成了差异化。当然这种差异化是否对顾客创造了额外的价值，则仁者见仁，智者见智。

"百恩百"之前是一个进口超市电商平台，销售进口商品。2015年3月，改版重新上线的"百恩百特购社"（图10-17）则成了一个会员制的进口生活快消品的B2C电商，用户通过支付一定费用（80元/六个月或150元/年）成为会员后，可以用进货价购买从海外进口的居家快消类商品。在物流上，与很多电商包邮不同，百恩百特购社会员根据自己所购商品的特性和所需周期，自行选择顺丰或是圆通快递，邮费自理。

● 图10-17　百恩百特购社网站

百恩百创始人黄若表示，"在网购不是很流行的时候，电商采用高举高打的方式，烧钱找海量用户，这就像公海捞鱼，确实有效可行。但是现在顾客都是别人池塘里的鱼了，还用这个方法，就太过时了。同时在消费者板块切割的大背景下，现有的One Stop Shopping在商品精耕细作的能力不强，没有对消费者分级，来者都是客，用户的满意度比较低。因此，必须对商品和用户重新定位。"

百恩百的商品全部是自营的，且只做海外原装进口（图10-18）。

在选品上，百恩百有几个基本点：①基本款；②总量控制，每个子类目就只有几款，数量饱和后选择替换而不是叠加；③围绕居家生活必需品。黄若说："与其他电商强调的营销不同，我更注重产品端，找到国内现在没有而目标用户很需要的商品，在选品上要和别人不一样。"

在用户方面，百恩百根据消费习惯对消费者重新分级，主要是锁定生活方式已经成熟，有稳定消费观，同时又想提高日常生活品质的人。用黄若的话来说，"屌丝并不是我们的目标客户。"

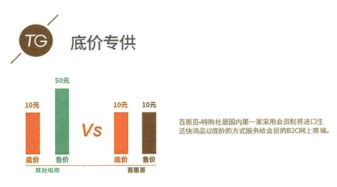

● 图 10-18　百恩百以底价的方式服务会员

之所以这样重新定位，是基于他的两个基本判断。"中国人的消费升级是由外而内的，一开始是拎 LV 等奢侈品傍身来表示自己有钱了，到现在更注重自己生活的日常用品，这个趋势在现在看是越来越明显。"他说到，"85 后的消费观和他们成长于物资匮乏年代的父母辈不同，这个群体是未来消费的主力，他们对于价格并没有那么敏感，而多是追求更高的生活品质。"

自百恩百特购社上线以来，销量最好的三个单品是：日本大米、卫生巾、洗洁精。黄若表示这个结果也验证了他之前的判断，即"大家都喊消费升级，用户的需求也确实是客观存在的，但却没有被很好地满足，尤其是最关乎生活的居家类。"

以进价销售，在普遍加价 25% ~ 30% 的电商行业，看着似乎很像慈善事业。黄岩从电商的成本结构解释说，"通过投放广告进行市场推广的费用占 50%，物流占 30%。只要有效规避这 80% 的成本，百恩百通过很低的会员费就可以实现盈利。事实上，京东 1 亿用户，目前还是亏本，而我们只要有 50 万用户，就基本可以实现盈利。"

10.4.5　功能差异化

顾客选购商品是希望具有所期望的某种功效，如飘柔的承诺是"柔顺"，海飞丝是"去头屑"，潘婷是"健康亮泽"，舒肤佳强调"有效去除细菌"，沃尔沃汽车定位于"安全"等就是基于这一策略。只要在顾客需求的某方面占据顾客心智中的第一位置，就有机会在竞争中胜出。

王老吉原本是区域性的中药凉茶，在香港加多宝的运作之下，淡化其成分，突显其功能，从而创造出一个新品类——预防上火的饮料。"上火"是人们可以真实感知的一种亚健康状态，而且"降火"的市场需求日益庞大。凉茶的"预防上火"和"降火"功效，是与其他饮料相比的核心优势,因此重新定位之后的王老吉畅销全国。

养生堂的"朵尔"专门针对女性细分市场,紧扣女性对美丽的渴望,在概念营造上棋高一招,提出"由内而外地美丽"。言外之意就是别人都在做表面功夫,而"朵尔"可以内外兼修,立即就打动了顾客的心。此外,红牛的补充能量定位,脑白金的礼品定位等,都是直接从用途上实现了与竞争对手的差异化。

作为一个社区电商平台,小红书(图10-19)开创了UGC的海外购物分享新模式,把话语权交还给用户,不管是不是在售的商品,用户随便吐槽。从用户的角度来看,这既满足了自己求围观的炫耀心理(装得低调),又有福利社提供许多心仪的海外折扣商品,还可以轻松包邮。而且通过分享机制将商品分享给朋友之后自己还可以拿红包,何乐而不买?

●图 10-19 小红书

从小红书的角度来看,分享机制不但增加了许多新用户,也给小红书做了口碑宣传,还能从用户的笔记中了解到用户的购买需求和热门产品,以便福利社对商品进行实时调整。用会员制(REDclub)的方式提高了用户的黏度,让老用户更热爱小红书,可谓一举好几得。

10.4.6 服务差异化

迪士尼公司认为首先应该让员工心情舒畅,然后他们才能为顾客提供优质服务,首先让员工们快乐,才能将快乐感染给他们所接待的顾客。人们来到迪士尼就是为了寻找欢乐,如果服务不满意,扫兴而归,那还会有什么人再来呢?因此公司注重培训和员工福利,重视构建团队及伙伴关系,以此来提高服务水准。

海底捞火锅连锁店为劳动密集型企业尊重和激励员工做出了表率。管理层认为:客人的需求五花八门,仅仅用流程和制度培训出来的服务员最多只能及格。因此提升服务水准的关键不是培训,而是创造让员工愿意留下的工作环境。和谐友爱的企业文化让员工有了归属感,从而变被动工作为主动工作,变"要我干"为"我要干",让每个顾客从进门到离开都能够真切体会到其"五星"级的细节服务。这些付出也为海底捞带来丰厚的回报,其旗下30多家连锁店,一直稳稳占据着所在城市"服务最佳"的榜首位置。

虾米音乐(图10-20)提供的离线音乐包也是一种服务差异化的产品。

10.4.7 形象差异化

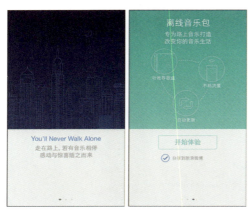

● 图10-20 虾米音乐APP——离线音乐包，专为路上音乐打造，改变你的生活

形象因素与设计和制作工艺有一定联系，但也可以独立出现。万宝路让同质化的香烟与众不同，秘诀就在于为品牌注入了豪迈阳刚的牛仔形象。赋予品牌某种精神和形象，可以满足顾客的某些精神需求。这种精神沟通以实体商品为基点，又脱离于商品实体之外，为顾客创造了附加的心理价值，可以建立与顾客之间更加牢固、更加密切的情感联系。

哈雷·戴维森摩托那张扬的外形、轰鸣的声音代表了一种激情、冒险、挑战传统的精神，最终这种品牌主张向社会扩散，许多青年人也借哈雷来表达自己自由、梦想、激情、爱国等种种情感。虽然哈雷摩托车的售价大多超过两万美元，贵过普通的轿车，但成千上万的哈雷迷们依旧是无怨无悔。

以卖萌货APP（图10-21）为例，"90后""95后"对于"萌"的东西其实都是有些感觉的，女孩子都有一颗少女心，年纪大一点的也会有公主梦，总会对颜值比较高的、可爱的东

● 图10-21 卖萌货APP

西产生购买的欲望。何晶珺曾在上海晨光文具供职，她本就对广大学生党使用的一些文具与日用品非常熟悉，于是就与联合创始人彭铭海一起打造了卖萌货这款产品。

顾名思义，作为一款电商导购平台，卖萌货从整体的UI（用户界面）、文案风格到推荐的商品都突出一个"萌"字。该平台通过对不同情景的设定来导购不同用途的萌物，如"暖心手套，帮你告别冬季寒冰掌"里为用户推荐的就是一些以萌和美为卖点却又不失实用性的手套，引导用户对商品进行评价，并最终在淘宝、天猫店铺进行购买。

目前卖萌货所推荐的商品都是卖萌货的团队根据自己以及对同龄人喜好的推断来决定的，商品的店铺均来自淘宝官方的淘宝客卖家平台，作为推广方，卖萌货仅收取佣金费用。

何晶珺表示，"我们并没有花很大精力去和店家谈佣金比例，因为目前并不想因为商业目的去推荐产品。但我们会主动去找品质小店来入驻卖萌货，佣金多少不是最重要的，重要的还是卖的东西好不好。"

何晶珺将卖萌货的团队形容为"卖'萌货'的卖萌货们"。因为整个12人的团队基本上都是90后，而卖萌货所针对的用户也恰好是90后女性，所以在运营团队与目标群体的年龄层次和购物需求都高度契合的情况下，卖萌货所推荐的商品深得人心。

这一点从卖萌货的用户数量就可以看出来：截至2015年11月初，卖萌货平均每天的交易额都在1万~1.5万元，上线以来总交易额在40万元左右。通过在不同的日子举办一些不同的活动也是卖萌货提高交易额的一个好方法，比如每周一的"'萌'Day有礼"、十月十日的"卖萌节"以及"双十一"全民购物狂欢。

同样作为电商导购平台，蘑菇街与美丽说等产品在这方面似乎有着更多的经验，但何晶珺认为卖萌货有它自己独特的优势："它们主要还是以服饰为主，而卖萌货的重点品类如文具、饰品、美食等并不是蘑菇街等产品的优势。"虽然服饰并不是卖萌货的主要品类，但随着通过用户对小商品的购买而累积起来的信赖度越来越高，卖萌货的服装品类的成交率也越来越高，这也是何晶珺坚持每天推荐便宜小物的原因。

在未来，卖萌货计划将PGC（专业生产内容）与UGC（用户生产内容）结合起来，逐渐让用户可以发布自己的内容。与大多UGC产品不同，卖萌货希望从自己的用户中挑选出一些有品位的买手，使其从普通用户进阶至可以发布内容的用户，在进一步增加用户黏性的同时丰富所推荐的商品内容。

何晶珺说："最开始我们只是在卖卖萌货，现在是想传达一种萌的生活态度，我们对萌的定义不再只是表面的可爱，更是一种正能量和幽默感，让生活元气满满又有品质。换一种态度，过不一样的生活。"

11 新零售时代网店设计的新兴形态

11

新零售时代网店设计的新兴形态

11.1 短视频+电商——内容即广告，所见即所得

中国的电子商务已经发展了20多年，与传统零售相比，电商品类齐全、购物便捷、价格优惠、能送货上门，已经成为了现代人生活中不可缺少的一部分。自从2010年电商交易额冲破4万亿元以来，我国电商交易额平均每年以2万亿元人民币左右的幅度增长，日渐成为拉动我国经济增长的新引擎。然而，随着电商市场的集中度越来越高，竞争也变得越来越激烈，电商想要生存下去，必须要获得源源不断的流量。事实上，电商行业竞争的增速已经远远超过了流量的增速，流量正在变得越来越贵。

短视频具有天然的强娱乐性和话题性，能够快速吸引流量。2017年"双十一"狂欢节，全网销售额再创新高，达2539.7亿元，同比增长43.5%。这庞大的数据背后少不了短视频的助力。2017年天猫"双十一"新增了许多主题会场，大部分主题会场的首页都布满了极具创意的短视频，为买家从各个角度介绍产品。2017年10月25日，京东发布了一份商品短视频数据报告，数据显示，25%的京东用户会在购买前主动观看短视频。

究其原因，相较于图文，短视频更具形象性和可读性，也更容易激起消费者的购买欲望，通过短视频可将娱乐和营销进行深度融合，以极富创意和观赏性的短视频内容来打动用户，从而引发用户发自内心的一种认同，继而心甘情愿地消费，而且短视频用户与电商目标受众高度重合，因此短视频的出现给了电商一个大大的启发。

11.1.1 短视频与电商融合的过程

（1）短视频达人引流电商

美拍联合艾瑞咨询联名发布的《短视频达人发展趋势报告》中指出，短视频达人逐渐摸索出三种变现方式：创意植入广告、内容与电商结合、创立自主品牌。

HoneyCC在美拍平台上拥有接近200万粉丝（图11-1），同时，她经营着一家淘宝店铺，通过搞怪的短视频营销曾创下3万条牛仔裤的单款产品销量。

● 图11-1　HoneyCC在美拍平台上拥有接近200万粉丝

（2）电商平台短视频化

2016年8月，"淘宝2楼"上线并推出短视频节目《一千零一夜》，节目里不仅有温情的故事，还有美食和购买链接，直接带动了相关产品的销售量。淘宝作为全国乃至全世界最大的网络零售交易平台，将更多的注意力放在短视频上，现在打开淘宝，短视频无处不在："淘宝头条"板块中设有"视频"栏目；"每日好店"板块中每天推送多条店铺创意短视频；"微淘"板块设有"视频直播"栏目，其他板块比如"上新""达人""发现"等栏目都有短视频的身影；还有内容号里驻扎的优质PGC内容制作机构等等，这些都是短视频的渠道入口。

● 图11-2　京东短视频

同样，京东也在短视频上精心布局。"京东平台有上千个细分品类，每个品类的商品特性和受众群体都各不相同，"京东短视频运营负责人胡长健表示，"电商短视频应当做到精细化运营，根据不同品类特性打造专属方案，同时让好的视频在私域和公域共同呈现。"

京东日前正式成立了VBP业务组，以短视频赋能为导向，汇集了营销、编导、摄像、导演、后期等多类专业人员。业务组将联合各大视频服务机构，整合全网资源，根据项目需求输出针对性的定制解决方案。从商品短视频、店铺视频，到栏目策划、病毒传播视频一站式解决；同时，通过优质视频占据京东站内线上的各流量入口，为商品页面引流。此外，还计划打造10～20个短视频精品店铺，通过建立店铺短视频聚合页，制作风格统一、主题鲜明的视频内容，向用户传达更为丰富的商品信息，从而培养用户习惯，加深品牌印象（图11-2）。

（3）新兴短视频电商平台

2017年10月18日，网红短视频电商平台花卷商城获得了4000万美金B轮融资，目前估值超过10亿人民币。花卷商城是一家短视频购物商城，明星、专家老师、网红以短视频的形式，将世界各地好玩、好用的商品分享给消费者，而消费者则可通过短视频，第一时间接收到专业可靠的推荐介绍，购买到心仪的好东西。

2016年以来，一批电商平台和电商账号慢慢涌现，这类平台或账号具有电商属性，以短视频为主要甚至是唯一的呈现手段，吸引消费者实现购买行为。很多企业受到了风险投资机构的投资,也印证了短视频电商行业普遍受到资本的青睐,未来的发展前景良好。

11.1.2 电商平台短视频的布局

(1)产品展示型的短视频

产品展示为主,短视频主要内容包括开箱、体验和产品说明。

开箱视频由于天然的猎奇属性,慢慢自成一派,市面上出现了很多公司专门制作开箱短视频系列节目,如来开吧(likeobox)、爱开箱(图11-3)等,值得一提的是,为了保证用户体验的完整性,开箱视频中不仅有开箱达人开箱的过程,还有开箱过后的产品体验和说明过程,因此,开箱视频慢慢发展为产品展示型短视频的代表。

● 图11-3　爱开箱品牌标志

开箱视频的节目形式是:镜头前坐着一位开箱达人,开箱达人首先会介绍自己,然后会向观众展示开箱的产品。物品在开箱之前,有的放在礼品盒里,有的放在快递盒里;之后,开箱达人开箱,拿出展示的产品,先跟大家展示一下产品的说明,然后亲自测试。如果开箱的是物品,开箱达人会一步一步地去使用,如果是食物,开箱达人会去品尝测试。

① 开箱达人与产品充分结合　开箱达人是短视频的主角,控制着整个视频的节奏,开箱达人的人设、展示风格都必须与所展示的产品风格一致。开箱达人的选择取决于两个因素:短视频电商的定位以及短视频创作者对用户喜好的了解。大部分垂直类电商所制作的短视频节目通常只有一位开箱达人,有的甚至是电商本人;做综合品类的电商更倾向于邀请不同风格的开箱达人为产品助力。

② 开箱达人营造代入感　开箱达人在测试的过程中,要不断地说自己的感受,要让用户隔着屏幕也能有身临其境的感觉。开箱达人可以用夸张的面部表情、幽默风趣的语言、热门网络用语,增强用户的代入感,以最大程度地传递出产品的效用。

③ 在视频制作过程中营造神秘感　节目开始的时候,不要告诉大家展示的是什么,先出现一个快递箱或者礼品盒,营造一个收到快递的兴奋场景,充分激起用户的好奇心理,这样节目从一开始就会让用户融入进去,跟随开箱达人一起去探索这个产品的神奇妙用之处。用户带着好奇的心理去观看视频,有助于提高视频的观看完成率;另一方面,用户沉浸度越高,越容易对视频中介绍的产品感兴趣,这样也利于视频展示的产品销售。

（2）内容型的短视频

有情节、有故事的短视频都可视为内容型短视频，具体视频内容可以是店铺故事、品牌故事、创意广告等。

① 竖版短视频拉近故事和消费者的距离　制作讲故事、有情节的短视频时，创作者应该多去尝试竖版视频。竖版视频的优势有两点：第一，不需要消费者翻转手机，符合懒人思维；第二，相比于横屏远远地观看一个视频，竖版视频突出拍摄主体，有一种将故事捧在手心里的感觉，使得视频中情节与消费者的情感沟通更顺畅，显得更加亲近。

② 主题是短视频的灵魂　主题的确立奠定了整个短视频的基调。主题将短视频和商品有机地联系在一起，削弱电商卖东西的生硬感，让消费者在情感沟通中找到共鸣，从而心甘情愿地消费。淘宝推出的《一千零一夜》短视频系列节目（图11-4），以"美好的事物能治愈"为主题，取得了巨大的成功。

● 图11-4　淘宝《一千零一夜》短视频系列节目

（3）教学型的短视频

教学型短视频的教学内容有两种：自主拍摄的教学视频和签约第三方教学机构拍摄的短视频。

① 文字描述必不可少　文字描述就像是划重点，学习优秀的同学都有记笔记的习惯，然而在移动端观看短视频不可能身边常备纸笔，因此，需要短视频创作者代替视频观看者记重点。重点文字描述应该放在画面醒目的地方，多次反复出现，达到强化记忆的作用。

② 教学内容不宜难度过大　电商发布教学型短视频，教学不是首要目的，培养兴趣才是最终目的。因此，制作此类短视频时内容不应太难、太复杂，这样的内容容易让学习者产生挫败感，继而放弃观看完整视频，于是便不会产生消费行为。

花卷APP（一个红人视频移动购物商城，图11-5）中用户可以看到经常出现在《女人我

11 新零售时代网店设计的新兴形态

最大》《美丽俏佳人》等节目上的 Kevin 老师、梅琳老师以短视频的方式教授美妆课程。同时在播放过程中，推荐的商品都会以气泡的形式展示出来，方便用户一边观看一边购买。

● 图11-5　花卷 APP

为了让用户可以在观看的同时更加流畅地购买商品，团队自主研发了视频消费交互技术，用于对接花卷上的商品视频内容。此外，平台上的短视频内容以 PGC 为主，强调专业性和标准化。具体而言，团队将单一商品的展现视频划分为外观开箱、使用方法、感受分享三类，对于多种商品集合+红人介绍的类型，则会统一进行专题视频的策划和制作。

11.2　从直播到MR——以更生动逼真的方式提升消费体验

淘宝将与微软 HoloLens 采用 MR 技术（Mixed Reality，混合现实）联手推出"淘宝买啊"（图11-6），又一次刷新了人们认知界限。在"淘宝买啊"帮助下，消费者目光所及之处，商品信息即被智能识别，涵盖了包含价格、销量和用户评论等在内的全方位信息，扔掉手机电脑，听商品说话，动手指"隔空取物"，就可以完成一笔淘宝订单。在外界看来，继"All in 无线"战略之后，淘宝再次释放自我变革信号，对消费场景进行重构。

在混合现实的世界里，淘宝不再是一个 APP，而真正变成一种生活方式。相比 VR(virtual reality，虚拟现实）技术，可以"从无到有"地虚拟出一个购物场景；MR 技术则满足了用户既体验到真实场景，戴上智能头显设备唤起"淘宝买啊"，用户眼前的世界就将被数字信息"加持"。

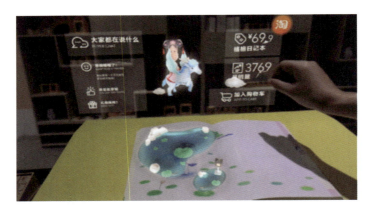

● 图11-6　淘宝携微软HoloLens试水未来购物体验

在2018淘宝造物节上，淘宝搭出一个300m²的MR体验空间，其中包括一条购物主街和三个主题商店（分别是淘宝二次元店、淘宝iFashion店、故宫淘宝IP店），而不同的商店将展现"淘宝买啊"的不同功能。在iFashion服饰店里，体验者用眼神"打量"一下模特身上的衣服，淘宝红人杨文昊就被"唤出"（图11-7）。他以全息方式来到你身边，不仅为你跳一段舞蹈，还为你详细介绍商品，就好比真人亲临；在故宫淘宝店里，随便扫一眼墙上的帝王画像，他们就像是"被施了魔法"一样，与你交流攀谈起来。

● 图11-7　通过"淘宝买啊"与全息淘宝红人进行互动

"淘宝买啊"的最大特色在于"改变交互""增强体验感"；不仅要过眼瘾，更要让消费动起手来，让操作变得酷炫。例如，当消费者走进故宫淘宝店，随手打开商品陈列区的一本

新零售时代网店设计的新兴形态 11

"格格笔记本",眼前就会出现了一整套3D动画来介绍商品,同时还会有"淘宝买啊"的UI界面弹出,不仅可以浏览"问大家",也可以看到商品价格等信息。如果想要购买,用手轻轻做个点击的手势,就能把它加入购物车。

不仅可以"隔空"买商品,"淘宝买啊"还有强大的空间定位能力(图11-8)。当消费者看到墙上的历代君王画像,"淘宝买啊"就能自动识别眼前的图像,在智能投显中唤出三维动画,与眼前的二维画面相叠加,从而让画像上的人物动起来。

● 图11-8 "淘宝买啊"提供的除了消费还有娱乐游戏

"淘宝买啊"是阿里巴巴在零售领域的一个超前尝试,正在布局未来5～10年的购物新方式。从2016年的VR Buy+到2018年的"淘宝买啊",淘宝一直在进行新型购物方式、新型零售场景的尝试,在从3D渲染技术到空间定位技术等的技术攻坚道路上持续努力。

参考文献

[1] 创锐设计.淘宝天猫网店设计从入门到精通.北京：人民邮电出版社，2015.

[2] 孙东梅.淘宝网店页面设计布局配色装修一本通（第2版）北京：电子工业出版社，2014.

[3] 九儿设计.视觉营销:打造网店吸引力.北京：电子工业出版社，2012.

[4] 恒盛杰电商资讯.电商视觉营销11条商规：网店视觉设计定律.北京：机械工业出版社，2015.

[5] 王先庆.新零售:零售行业的新变革与新机遇.北京：中国经济出版社，2017.